U0781376

新时代,新思维,新挑战

——"互联网+"背景下数字图书馆的战略规划与创新发展学术研讨会论文集

《新时代,新思维,新挑战——"互联网+"背景下数字图书馆的
战略规划与创新发展学术研讨会论文集》编委会　编

國家圖書館出版社
National Library of China Publishing House

图书在版编目(CIP)数据

新时代,新思维,新挑战:"互联网＋"背景下数字图书馆的战略规划与创新发展学术
研讨会论文集/《新时代,新思维,新挑战:"互联网＋"背景下数字图书馆的战略规划与创新
发展学术研讨会论文集》编委会编. --北京:国家图书馆出版社,2016.8
ISBN 978 - 7 - 5013 - 5895 - 3

Ⅰ.①新… Ⅱ.①新… Ⅲ.①数字图书馆—图书馆发展—学术会议—文集
Ⅳ.①G250.76 - 53

中国版本图书馆 CIP 数据核字(2016)第 168384 号

书 名 新时代,新思维,新挑战——"互联网＋"背景下数字图书馆的战略规划与创新
发展学术研讨会论文集
著 者 《新时代,新思维,新挑战——"互联网＋"背景下数字图书馆的战略规划与创新
发展学术研讨会论文集》编委会 编
责任编辑 金丽萍 唐 澈

出 版 国家图书馆出版社(100034 北京市西城区文津街 7 号)
(原书目文献出版社 北京图书馆出版社)
发 行 010 - 66114536 66126153 66151313 66175620
66121706(传真) 66126156(门市部)
E-mail nlcpress@ nlc.cn(邮购)
Website www.nlcpress.com ——→投稿中心
经 销 新华书店
印 装 北京玥实印刷有限公司
版 次 2016 年 8 月第 1 版 2016 年 8 月第 1 次印刷

开 本 787 × 1092(毫米) 1/16
印 张 8.5
字 数 130千字

书 号 ISBN 978 - 7 - 5013 - 5895 - 3
定 价 60.00元

论文评审专家组成员

前　言

在这个深度信息化和高度开放化的时代,合作共建、资源共享和协同创新将成为图书馆事业发展的主要推动模式。自 2013 年起,国家图书馆牵头召开"图书馆现代技术学术研讨会",向全国图书馆界的同人提供一个自由、开放的交流环境,共同探讨先进理论和技术在图书馆中的应用展望,分享图书馆信息化、现代化建设的实践经验,引发思想碰撞,促进学术创新,调动各方面力量,以形成数字图书馆建设的合力。

本届研讨会的主题为"新时代,新思维,新挑战——'互联网 + '背景下数字图书馆的战略规划与创新发展",围绕"十三五"期间数字图书馆创新和发展的战略规划、数字图书馆发展新趋势、互联网思维给数字图书馆带来的变化和挑战、引领数字图书馆发展的新技术以及提升数字图书馆服务的应用和实践等内容,向业界广泛征文并进行交流探讨。这在全面收官"十二五"规划、统筹谋划"十三五"规划的关键时期,有非常重要的意义。

现将此次研讨会的优秀论文整理成册,集结出版。希望通过这些论文,分享业界同行的实践经验和研究成果,与全国图书馆界协同创新,共同推动我国图书馆事业再上新台阶。

本书编委会
2016 年 6 月

目　　录

包头数字文化资源整合的探索与思考

武咏梅　翟海舟(包头市图书馆)

随着互联网的高速发展,新兴产业和服务如雨后春笋不断涌现,带来了大量新的思维理念和思维方式,促进传统领域转变思路和行为方式。数字文化资源作为重要的公共文化服务内容,如何在互联网行业交叉、融合的大背景下抢占优势地位,保持旺盛生命力,是目前数字图书馆发展面临的主要挑战。数字文化资源整合是各类数字图书馆的共同选择,本文通过近几年包头市图书馆的数字文化资源整合工作,总结了一些经验和方法,希望为未来数字文化资源整合提供一些思路和借鉴。

1 包头市数字文化资源整合基础情况

1.1 包头市文化资源现状

经过数年的建设,包头市图书馆目前拥有了完善的软硬件系统,种类齐全的商业数字文化资源。在国家数字图书馆推广工程的建设中,实现了与推广工程虚拟网的对接,极大地丰富了数字资源内容,也为自建数字资源参与国家联合建设打下了良好基础。在看到成绩的同时,有以下一些问题仍不容忽视:

(1)资源普及、利用率低

相对于图书馆内人潮涌动,各项活动开展得如火如荼,图书馆网站和各类资源访问量一直偏低。2014年包头市图书馆日均读者量在1000人以上,而网站日常访问量不到到馆读者数的5%。很多读者甚至不知道图书馆有数字资源可以使用,更不知道如何使用各类数字资源,而传统的集中培训、推广的效果收效很小,导致了大量数字文化资源和与之相关的软硬件资源的浪费。

(2)资源访问壁垒多

由于资源提供商和资源类型各不相同,造成使用、检索方式多种多样,且大部分数字资源只能通过电脑端的浏览器进行访问,传统呆板的界面相对于各种网络文学、网络视频等新兴商业文化服务项目缺乏吸引力,而且与目前互联网向移动互联网转移的大趋势相比严重滞后。

(3)资源时效性差

为了保证访问速度和浏览体验,馆内大部分数字资源均采用镜像的方式复制到本地服务器提供服务,而资源供应商的数据更新大多仍需要采用拷贝的方式定期进行,部分资源库按照合同只提供特定年限的数字资源,总体上缺乏时效性,为相关服务的开展设置了障碍。

(4)缺乏特色资源

在保证数字文化服务均等化的要求下,目前数字文化资源难以满足农牧民、少数民族、弱势群体、老年读者的使用需求。根据基层服务反应情况,一方面缺乏特别受欢迎的本地戏曲,另一方面缺乏民族语言文字资源,严重制约了当地文化生活的发展。

1

1.2 互联网的发展启示

（1）创新驱动互联网

互联网思维的实质是各种形态的创新思维，海量信息、开放空间所推动的创新精神正是互联网环境下优秀资源保持长久生命力的源泉。每一秒钟都有大量新的资源、应用、服务诞生，故步自封者很快被淘汰，失去原有优势地位。互联网的创新作用也逐渐渗透到生活和传统文化领域，不断地改变着人们的生活方式和文化休闲方式。在这样的背景下，只有摆脱原有机制束缚，突破业务壁垒，积极创新服务内容和方法，才能适应时代发展。

（2）聚合平台发展迅速

各类资源聚合平台和搜索引擎正逐渐取代原有的门户网站和专题网站，成为 Web 2.0 时代互联网发展的显著特征。以百度学术为例，百度利用其搜索引擎的市场优势地位，对于学术类各资源库资源进行聚合，使大量用户群由单独访问万方、知网等数据库转而通过百度学术进行检索，从而使百度学术占领了学术搜索的主导地位。

（3）用户数据彰显价值

随着大数据利用和发展的深入，互联网对于用户数据的重视达到了前所未有的高度，只有拥有稳定的用户群体，才是平台和资源未来不断发展的保障。越来越多的商业平台选择为用户黏度支付大量成本，正是看中了用户入口的关键价值。而图书馆作为传统上拥有大量稳定用户的资源载体，如何在互联网背景下发挥其作用和得到有效的利用，也是数字资源服务面临的主要挑战之一。

（4）用户时间碎片化

随着传统互联网向移动互联网思维的转化，用户时间碎片化的理念不断深入，随之带来用户期望图书馆服务的需求碎片化[1]，数字资源的服务对象很难有大量的时间和精力耗费在传统的逐层检索、分类浏览、先下载后服务等模式中，只有提升碎片时间的使用体验，才能拥有用户。在快餐化的网络文学、娱乐化的网络视频成为互联网用户主要文化时间消费内容的今天，只有改善现有数字资源使用体验，根据读者情况实现精确服务才能保证数字资源的可持续发展和推广。

1.3 包头市图书馆文化资源整合的目标

包头市图书馆数字文化资源整合的目标是通过研究互联网新兴技术和服务模式，学习国内外先进经验，有效调配现有资源，积极吸纳社会力量，着力从资源的生产、供给、服务、推广等整个生命周期进行探索和创新，根据现有条件最大化数字资源服务效能，逐步解决现存各类问题，实现均等化的数字文化资源基础服务，打造精准化、一站式的数字文化资源现代服务平台。

2 包头市数字文化资源整合的基本原则

2.1 需求导向原则

数字文化资源整合的目标是有效提供服务。为保证资源得到合理调配和利用，保证资源整合和建设的正确方向,需要坚持需求的导向作用,工作开展前和开展过程中要及时获取并反馈需求,进行科学的评估分析,避免盲目建设带来的资源浪费。

2.2　务实原则

包头市图书馆的人员能力、软硬件水平与发达地区相比仍存在较大差距。如何利用有限的资源,调动社会力量,提升服务能力对图书馆充满挑战。这更要求数字文化资源整合工作的开展必须坚持务实原则,不脱离现有数字图书馆推广工程和共享工程建设成果,不脱离人员的实际能力,同时充分发挥各项发展优势和机遇,把服务落到实处。

2.3　精准原则

互联网的发展带来了精准化的服务理念,粗放的大锅饭式的服务模式很难满足群众需要,也不符合数字文化资源实际特点,资源内容的多样化反应的是服务对象的多样化,准确地把握群众的使用习惯,掌握数字资源的发展脉络,探索图书馆实现精准服务的有效路径,是数字文化资源整合的主要思路。

3　包头市数字文化资源整合策略

3.1　数字文化资源生产整合

针对目前文化服务单位分布面广,数字资源建设积极性低,建设能力差的局面,包头市图书馆在包头市文广新局的支持下,优化数字资源建设管理体制,改变现有以图书馆为单一支点的数字资源收集和建设模式,转而与各文化单位、演出院团开展合作,由以前图书馆向各单位索要资源材料的模式,转变为各单位提供资源线索并共享数字资源成果的新模式。

数字文化资源的生产流程为(图1):各单位根据自身情况汇总素材提交到图书馆,然后通过文化信息中心进行统一调配后由专业团队进行采集整理。文化信息中心数字资源部完成数字资源的加工全部流程并在资源平台进行发布。对于涉及多个单位或基层单位的主题数字资源生产项目则建立联动机制。在保证文化信息中心任务分发顺利的同时,保证各素

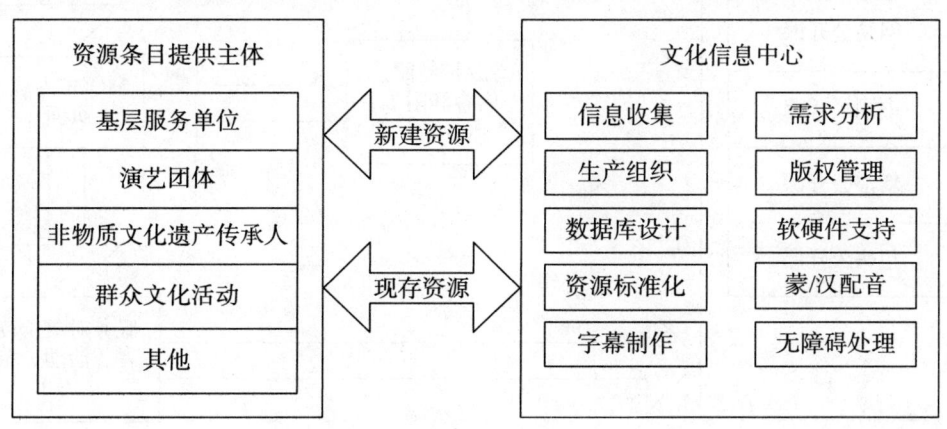

图1　数字文化资源生产整合方式

材提供单位间横向合作渠道的畅通。针对牧区实际情况和民族语言数字资源建设需要,文化信息中心配备了进行蒙语资源制作和服务的专门人员。

这种机制一方面解决了基层文化服务团体设备、经费不足,数字资源生产能力差的问题,改变了原有作坊化的生产状态;另一方面,通过文化信息中心制定相应统一规范解决了数字资源标准化的问题,提高了自建数字资源质量;此外,及时、高效的数字资源建设模式,为各类本地服务提供了大量优质、关注度高的资源优势,为图书馆数字资源服务平台发挥本地资源区位优势,提升访问流量提供了重要保证,也为民族语言数字资源大规模生产创造了条件。

3.2 数字文化资源内容聚合

在互联网环境下,将数字资源的服务内容仅仅局限于馆内自购数字资源或者自建数字资源显然难以满足市民读者的数字文化需要,对于数字文化资源的整合已经不仅仅局限于对现有资源实现联合检索。深入挖掘互联网海量数字资源,发挥互联网信息优势,在内容方面进行有效聚合成为必然选择。

聚合以图书馆作为纯公益性质的数字文化资源传播机构为背景,尽可能地为市民提供各类各渠道的数字文化资源,并根据资源的不同性质采用不同手段进行聚合。一部分通过传统的方式根据采集栏目和网站的超链接构建专题数据库,读者通过检索、浏览专题内容或者图书馆推送访问原网站原始资源。在另一部分数字资源内容著作权可控的情况下,内容聚合按照知识共享[2](Creative Commons)协议模式的理念进行,尽量保证数字资源内容的可用性。

以聚合现有的各类公开课平台资源为例(图2),根据现有的技术和人员条件,参照国内成功的经验和方法,对于包头市图书馆内容聚合的定位为MOOC资源入口导航服务的提供者,而不是构建各个公开课平台内容全覆盖的搜索引擎,改变原有呆板的资源揭示方法,通过预制模板设计具有吸引力的专题内容,在展示各平台优质课程的同时,在同一页面提供相

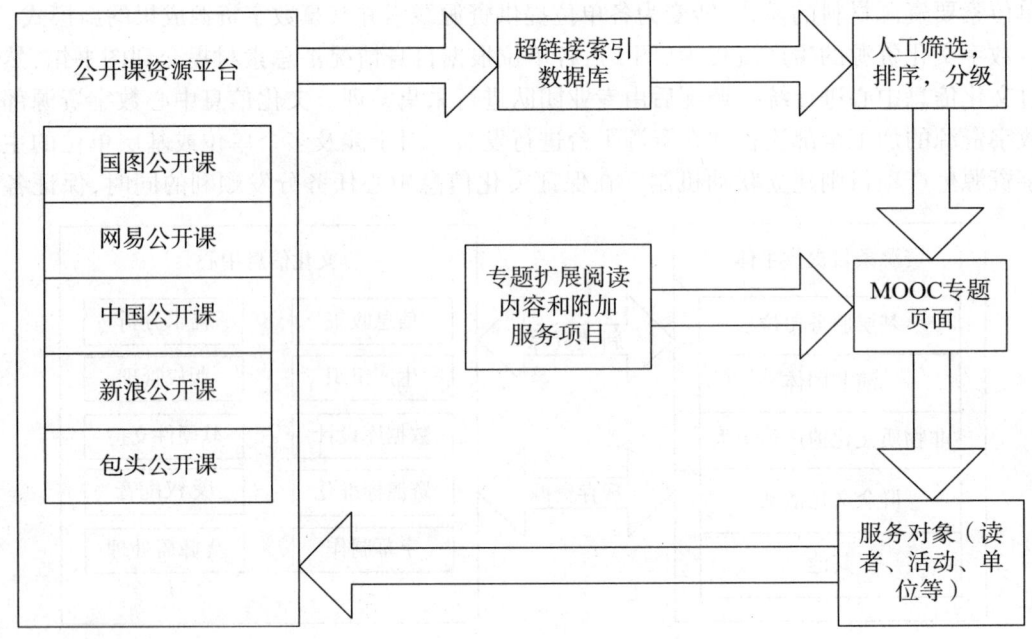

图2 MOOC内容供给流程

关延伸阅读和其他类别资源内容,配合相应的线上推广活动和线下服务活动,达到服务效能的最大化,由此激发读者兴趣,引导读者形成使用习惯,并为未来进行精准服务创造条件。

3.3 数字文化资源服务整合

(1)重视用户体验,打造优质服务品牌

数字文化资源整合的最终阶段是服务能力的整合。而需求导向的数字资源服务离不开对于用户体验的重视。一方面,在资源平台前段融入先进设计元素,提升访问视觉体验,采用新技术设计精细的服务模块,通过可定制、自适应的服务界面,使各种终端的访问效果达到统一,从而保障数字文化资源在手机、平板电脑、PC 等各种终端上的均等服务能力。另一方面,研究读者时间碎片化下的使用习惯,将原有各种服务进行相应调整,并根据网络需求增加特色服务内容,形成有影响力的服务品牌。如原有的图书推荐服务可以调整到移动端,改变为秒拍形式的短视频进行图书推介,通过 30 秒左右的镜头转换和旁白描述一本书,使读者可以利用很短时间获得所需信息。

包头市图书馆虚拟网已经与包头市教育城域网实现互联互通,利用包头市图书馆现有条件,根据学龄情况定制推送页面和相关资源,可以解决中小学资源孤岛带来的内容匮乏、电教室使用效率低的问题,同时将学期内在学校和假期内在图书馆或家中的数字文化资源服务、升学考试服务、主题课外活动形成统一整体,使数字文化服务平台成为家长和老师的第一选择。

(2)将各类数字资源服务与传统业务进行整合

在多年业务工作和社会活动中,馆内形成了一支富有业务经验的人员队伍,为将图书馆的这一优势在数字资源服务和推广过程中充分发挥,需要将数字资源服务与各部门传统业务进行有机整合,采用了以下一些方式:

一是通过数字文化资源提升传统业务服务水平。将数字阅读作为传统阅读的重要补充,在馆内图书、报刊等实体资源有限的情况下,根据读者的个性化需求提供服务,向读者推荐书籍数字版或相关音视频等资源,使一站式服务理念逐步完善;地方文献采用数字化资源代替纸质资源降低服务成本,提高服务效能;工具书服务与百度翻译、词典、百科、地图等应用相结合,解决原有工具书内容更新慢的问题,帮助不熟悉网络的读者采用搜索引擎获得信息。

二是要在各项活动中充分利用、推广数字文化资源。改变原有讲座、活动内容单一的服务模式,与网站、微信公众号等联动的同时,在服务内容中灵活运用数字资源。形式包括在讲座、活动间歇播放相关数字资源并推广数字资源平台,在各种主题活动中调配更多终端设备,在展示中采用更多音视频资源作为材料,提升各数字资源品牌曝光率。

三是要重视数字文化资源在残障读者中无可替代的重要作用。在提供各种数字文化资源的同时重点提升与之配套的服务能力,从工作人员提升互联网应用能力、熟练掌握各类资源做起,深入了解残障读者需求和现有不足,探索利用远程手段和信息推送为残障读者服务的方法,把数字文化资源服务从残障读者服务中心延伸到读者家中和身边的手机、电脑,使读者不必走出家门,通过简单的方式即可获取各类定制文化资源,并利用服务资源与相关医疗机构和协会合作,促进残障读者复健。

4　包头市数字文化资源整合未来思路

　　未来的目标是实现数字文化资源跨界服务,突破公共图书馆现有的服务边界,扩展公共图书馆服务外延[3],根据读者需求和平台特点进行结合,这是未来实现一站式服务的必然要求,是实现数字资源精准服务的客观需要。目前数字文化资源的内容涵盖教育、科普、旅游、健康、体育等各方面,而将与之相关联的服务进行整合的方法已日趋成熟。

　　例如,在科技创新领域,结合包头市图书馆的技术条件和服务能力,利用丰富的课程资源、学术资源,整合现有空闲网络、空间等资源,为创新和众创服务,为各类创新提供驱动支持和推广空间。通过在线和线下的服务和推广有效带动创新,同时使现有服务与文化创新成果融合,加快公共数字文化互联网发展进程。在民生服务方面,利用现在新兴的O2O(线上到线下)商业服务模式,通过O2O整合文化旅游、文化消费、家庭医疗、社区活动、公益慈善等多方面内容,有效带动企业和社会团体利用数字文化平台开展服务,力争实现数字文化资源整合服务的一站式平台的目标。

参考文献

[1] 牛现云,刘术华.让移动互联网思维在图书馆落地[J].图书情报工作,2014(56):36—38,135.

[2] Creative commons[EB/OL]. http://creativecommons. net. cn/.

[3] 屠淑敏,冯亚慧,李玲丽等.互联网思维下的公共图书馆跨界服务思考——跨界 or 被跨界[J].图书与情报,2015(1):125—130.

甘肃省公共图书馆数字共享联盟实践探索

朱占潇　李芬林(甘肃省图书馆)

1　西部地区公共图书馆数字联盟发展现状

　　数字图书馆是在计算机技术、网络通信技术的迅速发展背景下产生的一种新的资源存贮服务方式。近十年来,数字图书馆广泛运用于公共图书馆并成为图书馆极其重要的馆藏资源,其信息海量、交互快捷、传播广泛等优势深受读者的喜爱,随着新媒体的广泛使用,数字资源已经是读者掌上利用图书馆不可或缺的资源。从 2008 年起,国家图书馆向全国公共图书馆免费提供数字资源服务,已先后在互联网、局域网上发布超过百万册件的电子书,同时,将数字资源通过国家数字图书馆平台和全国文化信息资源共享平台传输到全国各级基层图书馆,为公众提供服务。2011 年,继全国文化信息资源共享工程、公共电子阅览室建设计划后,文化部、财政部共同推出“数字图书馆推广工程”。这项数字文化建设工程极大地推动了公共图书馆数字图书馆建设和发展,成为近年来公共图书馆数字图书馆建设的重要项目。

　　数字图书馆主要组成是电子期刊和数据库,由于电子期刊和数据库成本较高,公共图书馆大多是各自采购,一般来说,省级馆数字资源丰富,而经济落后地区的市县图书馆则没有能力购买数字资源。目前西部地区数字图书馆建设存在的问题是一方面省级图书馆花费大量资金购进电子资源,而读者使用量低,另一方面是中小图书馆没有资金购买数字资源,导致这些图书馆信息服务不足,影响了这些地区图书馆信息服务工作的开展。近年来一些发达地区“图书馆联盟”建设风生水起,其中数字图书馆联盟的建设也日益受到全国公共图书馆的重视,如吉林省数字图书馆联盟、珠江三角洲数字图书馆、衡阳区域数字图书馆联盟、萍乡区域数字图书馆联盟、贵州数字图书馆联盟云服务平台、陕西公共图书馆服务联盟等,这些联盟的建立为当地公共图书馆资源共享起到了极大的推动作用,也为读者查阅数字资源提供了便利。可以说数字图书馆联盟成为实现公共图书馆省、市、县资源共享的最有效的方式。目前,西部地区公共图书馆数字联盟的整体发展水平不高,参加联盟的公共图书馆数量少,地(市)以上大中型图书馆较容易结成联盟,而县(区)以下小型图书馆很难达成联盟。这与西部公共图书馆行政体制、经费、人员等因素有极大的关系,也是西部地区公共图书馆普遍存在的问题。作为省级公共图书馆,除了以数字图书馆推广工程为资源建设主线外,还应该通过建立全省的馆际联盟合作,利用网络共享数字资源,改变分散发展、各自为政的现状,为县区基层图书馆共享省图书馆数字资源做出努力,推动本省及基层数字图书馆的建设和发展。

2 甘肃省公共图书馆数字图书馆发展状况

2013 年第五次公共图书馆评估以来，甘肃省市县图书馆自动化、网络化的建设步伐明显加快，笔者曾经参加过 2009、2013 年甘肃省公共图书馆评估工作，对甘肃省市州和县区图书馆数字资源、软硬件情况做过调查（见下表）。全省现有公共图书馆 92 个，包括 14 个市州馆、78 个县区馆（其中 10 个馆在建），截至 2016 年 4 月，全省共有 65 个图书馆实现了图书馆业务管理自动化，配置了服务器，88 家图书馆建立了电子阅览室，并实现了因特网的互联，网络出口带宽多为 10—100M，有 37 家图书馆建立了自己的网站，可通过 Internet 访问，其中兰州市、白银市、金昌市、麦积区、高台县、肃南县、正宁县图书馆网站内容较为丰富，具备了开展信息阅览服务的必要条件。目前还有 7 家图书馆无电脑及周边设备，主要分布在经济相对落后的少数民族聚居地甘南、临夏和陇南地区。特别是 5·12 地震、舟曲泥石流灾害、岷县漳县地震灾害，一些图书馆受自然灾害破坏已经关闭，正在恢复重建中。

甘肃省市县图书馆网络硬件及数字资源基本情况调查表

	图书馆名称	计算机硬件		管理软件系统		电子阅览室建设及台数	网站	书目建设	电子资源	网络建设
		服务器	PC机	软件名	使用时间					网络出口
1	兰州市图书馆	5	100	金盘	2010	50	有	书目数据库	知网、电子书	10M
2	西固区图书馆	1	43	广州图创	2009	30	有	书目数据库	视频光盘	10M
3	安宁区图书馆	1	40	广州图创	2009	30	有	书目数据库	视频光盘	6M
4	红古区图书馆	1	20	Unicorn	2015	15	有	书目数据库	视频光盘	10M
5	皋兰县图书馆	2	37	文津	2009	32	–	书目数据库	视频光盘	10M
6	永登县图书馆	1	39	文津	2011	30	–	书目数据库	视频光盘	ADSL
7	榆中县图书馆	1	43	广州图创	2009	30	–	书目数据库	视频光盘	10M
8	嘉峪关市图书馆	9	200	金盘	2012	160	–	书目数据库	电子书	20M
9	金昌市图书馆	3	80	广州图创	2013	40	有	书目数据库	电子书、视频光盘	10M
10	永昌县图书馆	1	38	广州图创	2009	30	–	书目数据库	视频光盘	10M
11	白银市图书馆	2	93	金盘	2010	40	有	书目数据库	电子书、视频光盘	10M
12	白银区少儿图书馆	4	35	广州图创	2016	35	–	在建	视频光盘	40M
13	平川区图书馆	4	45	文津	2011	35	–	书目数据库	视频光盘	10M
14	靖远县图书馆	1	50	文津	2011	35	–	书目数据库	视频光盘	30M
15	会宁县图书馆	1	35	广州图创	2009	35	–	书目数据库	视频光盘	10M
16	景泰县图书馆	1	43	文津	2009	35	–	书目数据库	视频光盘	10M
17	天水市图书馆	1	65	ILASIII	2007	46	有	书目数据库	电子书、视频光盘	10M
18	麦积区图书馆	1	48	重庆慧尔	2004	34	有	书目数据库	视频光盘	10M

续表

| 图书馆名称 | 计算机硬件 | | 管理软件系统 | | 电子阅览室建设及台数 | 网站 | 书目建设 | 电子资源 | 网络建设 |
	服务器	PC机	软件名	使用时间					网络出口
19 秦州区图书馆	1	36	手工编目	2009	30	有	–	视频光盘	10M
20 清水县图书馆	1	20	重庆慧尔	2003	15	–	书目数据库	视频光盘	10M
21 秦安县图书馆	1	39	广州图创	2009	31	–	书目数据库	视频光盘	10M
22 甘谷县图书馆	1	35	文津	2011	30	–	书目数据库	视频光盘	10M
23 武山县图书馆	4	35	手工编目	–	30	–	–	–	30M
24 张家川县图书馆	4	30	手工编目	–	30	–	–	视频光盘	20M
25 武威市凉州区图书馆	1	46	广州图创	2009	30	–	书目数据库	视频光盘	10M
26 民勤县图书馆	1	36	手工编目	2009*	30	–	–	视频光盘	10M
27 古浪县图书馆	1	40	文津	2011	35	–	书目数据库	视频光盘	10M
28 天祝县图书馆	1	40	文津	2011	35	–	书目数据库	视频光盘	30M
29 张掖市甘州区图书馆	1	51	Unicorn	2004	35	有	书目数据库	电子书、视频光盘	10M
30 临泽县图书馆	3	41	广州图创	2008	30	有	书目数据库	视频光盘	10M
31 民乐县图书馆	–	3	广州图创	2009	30	有	书目数据库	视频光盘	20M
32 高台县图书馆	1	45	广州图创	2013	30	有	书目数据库	电子书、视频光盘	10M
33 肃南县图书馆	1	43	广州图创	2010	32	有	书目数据库	电子书、视频光盘	10M
34 山丹县培黎图书馆	1	70	广州图创	2009	50	有	书目数据库	视频光盘	10M
35 平凉市图书馆	1	30	金盘	2010	20	有	书目数据库	视频光盘	10M
36 平凉市崆峒区图书馆	1	18	文津	2011	12	–	书目数据库	视频光盘	10M
37 泾川县图书馆	4	35	文津	2012	30	–	书目数据库	电子书、视频光盘	20M
38 灵台县图书馆	1	37	文津	2009	30	有	书目数据库	视频光盘	30M
39 崇信县图书馆	3	39	文津	2015	30	–	书目数据库	视频光盘	20M
40 华亭县图书馆	1	55	广州图创	2009	30	有	书目数据库	电子书、视频光盘	10M
41 庄浪县图书馆	1	60	文津	2011	40	有	书目数据库	视频光盘	10M
42 静宁县图书馆	1	31	文津	2011	30	有	书目数据库	视频光盘	10M
43 酒泉市肃州区图书馆	1	45	慧尔	2009	30	–	书目数据库	电子书、视频光盘	10M
44 金塔县图书馆	1	40	广州图创	2009	30	–	书目数据库	视频光盘	10M
45 肃北县图书馆	1	46	手工编目	–	34	–	–	视频光盘	10M
46 阿克塞县图书馆	2	45	手工编目	–	34	–	–	视频光盘	100M

续表

图书馆名称	计算机硬件		管理软件系统		电子阅览室建设及台数	网站	书目建设	电子资源	网络建设
	服务器	PC机	软件名	使用时间					网络出口
47 瓜州县图书馆	1	38	广州图创	2009	30	－	书目数据库	视频光盘	10M
48 玉门市图书馆	1	32	紫新	2012	28	有	书目数据库	视频光盘	10M
49 敦煌市图书馆	1	65	广州图创	2009	55	有	书目数据库	电子书、视频光盘	10M
50 庆阳市图书馆	1	40	天拓	2008	17	－	书目数据库	电子书、视频光盘	10M
51 西峰区少儿图书馆	1	4	手工编目	－	30	有	书目数据库	视频光盘	10M
52 庆城县图书馆	1	22	天拓	2009	11	有	书目数据库	视频光盘	10M
53 环县图书馆	5	40	慧尔	2010	30	有	书目数据库	视频光盘	15M
54 华池县图书馆	4	40	天拓	2010	30	有	书目数据库	视频光盘	20M
55 合水县图书馆	1	45	文津	2011	30	有	书目数据库	视频光盘	10M
56 正宁县图书馆	1	40	文津	2009	30	有	书目数据库	视频光盘	10M
57 宁县图书馆	1	35	文津	2011	30	有	书目数据库	视频光盘	10M
58 镇原县图书馆	2	40	文津	2011	30	有	书目数据库	视频光盘	10M
59 定西市安定区图书馆	1	36	文津	2011	25		书目数据库	视频光盘	10M
60 通渭县图书馆	1	34	华夏2000	2006	20	－	书目数据库	视频光盘	宽带接入
61 陇西县图书馆	1	57	广州图创	2009	50	有	书目数据库	视频光盘	10M
62 渭源县图书馆	1	38	广州图创	2009	30	－	书目数据库	视频光盘	10M
63 临洮县图书馆	1	60	广州图创	2009	47	有	书目数据库	视频光盘	10M
64 漳县图书馆	1	50	广州图创	2009	42		书目数据库	视频光盘	10M
65 岷县图书馆	1	32	文津	2011	30		书目数据库	电子书、视频光盘	10M
66 临夏州图书馆	4	16	广州图创	2012	15	有	书目数据库	－	新建
67 临夏市图书馆	1	38	手工编目	－	30		－	电子书、视频光盘	10M
68 临夏县图书馆	1	5	广州图创	2009	30		书目数据库	－	10M
69 康乐县图书馆	1	34	手工编目	－	30		－	电子书	10M
70 永靖县图书馆	1	30	手工编目	－	30		－	－	10M
71 广河县图书馆	1	40	手工编目	－	38		－	－	－
72 和政县图书馆	－	－	手工编目				－	－	－
73 东乡县图书馆	1	40	手工编目	2009*	40	－	－	－	10M
74 积石山县图书馆	1	36	手工编目	－	30	－	－	－	30M
75 甘南州图书馆	1	20	Unicorn	2005	10	－	书目数据库	－	10M
76 合作市图书馆	1	34	手工编目	－	30	有	－	－	10M
77 临潭县图书馆	－	1	手工编目	－	－	－	－	－	－

| 图书馆名称 | | 计算机硬件 | | 管理软件系统 | | 电子阅览室建设及台数 | 网站 | 书目建设 | 电子资源 | 网络建设 |
		服务器	PC机	软件名	使用时间					网络出口
78	卓尼县图书馆	1	46	手工编目	–	36	–	–	–	10M
79	舟曲县图书馆	1	32	手工编目	–	23	–	–	–	10M
80	迭部县图书馆	–	–	手工编目	–	–	–	–	–	在建
81	玛曲县图书馆	–	3	手工编目	–	–	–	–	–	在建
82	碌曲县图书馆	–	–	手工编目	–	–	–	–	–	在建
83	夏河县图书馆	1	48	手工编目	–	30	–	–	–	10M
84	陇南市武都区图书馆	1	56	Unicorn	2006	30	–	书目数据库	–	10M
85	成县图书馆	1	45	手工编目	–	30	有	–	视频光盘	10M
86	文县图书馆	4	43	手工编目	–	40	–	–	–	20M
87	宕昌县图书馆	1	25	Unicorn	2016	30	有	建设中	视频光盘	10M
88	康县图书馆	1	20	手工编目	–	19	–	–	视频光盘	10M
89	西和县图书馆	1	70	手工编目	–	50	有	–	视频光盘	10M
90	礼县图书馆	1	48	手工编目	–	40	–	–	视频光盘	10M
91	徽县图书馆	1	30	手工编目	–	30	–	–	视频光盘	灾后重建
92	两当县图书馆	1	40	手工编目	–	30	–	–	视频光盘	10M

*民勤县图书馆和东乡县图书馆目前一直手工编目,2009年安装了管理软件系统,但是没有使用。

从全省的情况看,除了省馆购买了各类大型商业数据库,实现了图书馆管理自动化以外,全省14个地州市图书馆仅有兰州市、白银市、嘉峪关市、金昌市、天水市图书馆购买了少量的电子资源,县区图书馆有华亭县、高台县、通渭县、陇西县、兰州市西固区、张掖市甘州区、酒泉市肃州区图书馆购买了部分电子书,其余的电子资源大多数是共享工程配备的视频光盘,有些图书馆为了应付评估指标突击购买了百种电子书,且大多种类单一,应用不多,数据库的建设基本上处于起步阶段。特色数据库建设方面,除白银市图书馆建有4个具有地域特色的专题数据库外,其余均为馆藏书目数据库。

在使用管理软件方面,2009年广州图创公司的Interlib软件为全省首批文化共享工程招标产品,全省共有24家图书馆在使用,用户数最多。2011年共享工程招标的软件改为文津管理软件,全省共有20家图书馆在使用。Unicorn系统是甘肃省图书馆使用的业务管理软件,有白银市、张掖甘州区、陇南市、甘南州、红古区、宕昌县(在建)等6家成员单位使用,实现了统一的软件、联合编目。还有13个图书馆使用金盘、重庆慧尔、ILASⅢ、天拓、华夏、紫新等均为中小型图书馆管理软件。图书馆要通过互助合作实现资源共享,必须有统一的管理软件,统一的技术标准和规范的业务标准为桥梁,如果各成员馆采用不同的文献管理软件和数据标准,那么计算机在文献管理中的应用就只能局限于本馆,馆际之间在系统平台上和资源整合、传递上缺乏开放性和互联性,给文献资源共建共享造成障碍。全省市县图书馆业务管理软件的多样性以及服务滞后给全省图书馆的资源共享提出了新的难题,影响了县区图书馆的服务质量,导致甘肃省市县图书馆无论是信息服务的内容、种类、能力、质量还是数量,和东部发达省市的差距越来越大。

随着国家公共文化示范区建设的推进,甘肃省新一轮三馆建设正在兴起,两到三年之间,一批图书馆将建设完成,成为甘肃图书馆的后起之秀。这些公共图书馆步入自动化、网络化之后,各馆工作重心就从传统内部业务工作为主转变为以读者服务为中心的信息服务。鉴于甘肃省公共图书馆管理软件的多样性,目前在甘肃区域内,迫切需要发挥省图书馆中心馆的作用,整合省馆数字资源,通过数字联盟统一购买和签订使用数据库协议,建立统一平台,集中维护运行,发挥数字资源的作用,推进图书馆信息服务工作。"甘肃省知识文化服务平台"就是甘肃省图书馆建立推广的全省数字资源共享平台。

3 甘肃省公共图书馆数字共享联盟建设情况

甘肃省图书馆从 2003 年开始购买数据库资源,建立数字图书馆,经过十余年的积累,数字图书馆建设以馆藏书目数据、电子图书、电子期刊、外文图书、外文期刊、随书光盘、少儿动漫视频、盲人有声读物、政府信息服务、市民生活娱乐及自建资源等资源组成的以镜像为主加远程访问服务方式的数字图书馆服务系统。这些资源补充了馆藏资源的不足,为读者提供了不同内容的数字资源,但是多年来数字资源使用率一直不高,造成经费和资源的浪费。2007 甘肃省图书馆开始探讨数字资源馆外使用和与市州县图书馆共享资源的路子,着手策划建立全省数字联盟。鉴于数字资源的多样性和共享工程配置资源的特殊性,我们决定把中国知网资源作为共享的首选资源。中国知网是甘肃省图书馆最早开始使用的数字资源产品。2008 年 11 月 5 日甘肃省图书馆召开过全省公共图书馆数字资源共享研讨会[1],邀请20 多家网络硬件较好的公共图书馆与中国知网公司商谈联盟共享资源事宜,与会代表就中国知网数字资源在甘肃基层图书馆的共享发展、资源购买、资源更新、合作前景、合作模式、技术培训等问题进行了研讨,并初步达成了中国知网数字资源在全省公共图书馆的共享协议。本次研讨会是甘肃省公共图书馆建立数字资源共享的一次有益尝试,为推动甘肃省基层图书馆数字资源的普及和发展起到了积极作用。中国知网也给予了资金上的极大优惠,但是当时由于各馆网络条件及硬件的制约,此次关于数据共享的协议没有得到实施。

随着 2011 年文化部、财政部对三馆免费开放工作的落实和全国数字图书馆推广工程、共享工程的推进以及 2013 年第五次公共图书馆评估的开展,图书馆各项工作得到了各上级单位的大力支持,甘肃省公共图书馆的网络及硬件设施达到普及和发展,建立甘肃省公共图书馆数字资源联盟的条件已经逐步成熟。为适应网络技术和数字图书馆发展,2014 年 6 月对馆里购买美国 SIRSI 公司的 Unicorn 图书馆系统应用软件进行了系统升级,2013 年对馆藏数字资源的存储设备进行了扩容,使数字存储容量达到 300TB。2013 年年末,甘肃省图书馆筹措资金 50 万,经过谈判商议,于 2013 年 12 月达成协议,由省图书馆购买中国知网的主要资源,向县区馆开通使用,以达到全省县区公共图书馆共享中国知网资源的目的。由中国知网建立"甘肃省知识文化服务平台",平台为全省 92 个县区图书馆整合各县数据、统一加工地方资源,搭建"数字图书馆平台",统一更新数据,资源存储设在省馆,各县区图书馆每年向省馆缴纳5000元数据使用费,资源可以在省馆托管,也可以根据县区馆需求安装到本地,省馆负责技术维护和县区馆人员培训。2014年10月17日,甘肃省和同方知网(北京)技术有限公司共同举办了"甘肃省公共图书馆数字资源共享联盟研讨会"[2],来自全省44个县区图书馆的65名代表参加了此次研讨会,并签订了意向性协议,2015年1月正式启动,联盟平台命名为"甘肃知识文化服务平台"[3](见下图),首批参加联盟馆的有30个图书馆,各成员馆使用同一平台检索数据、同一软件加工数据、相互之间实现文献传递服务,共享数据资源。

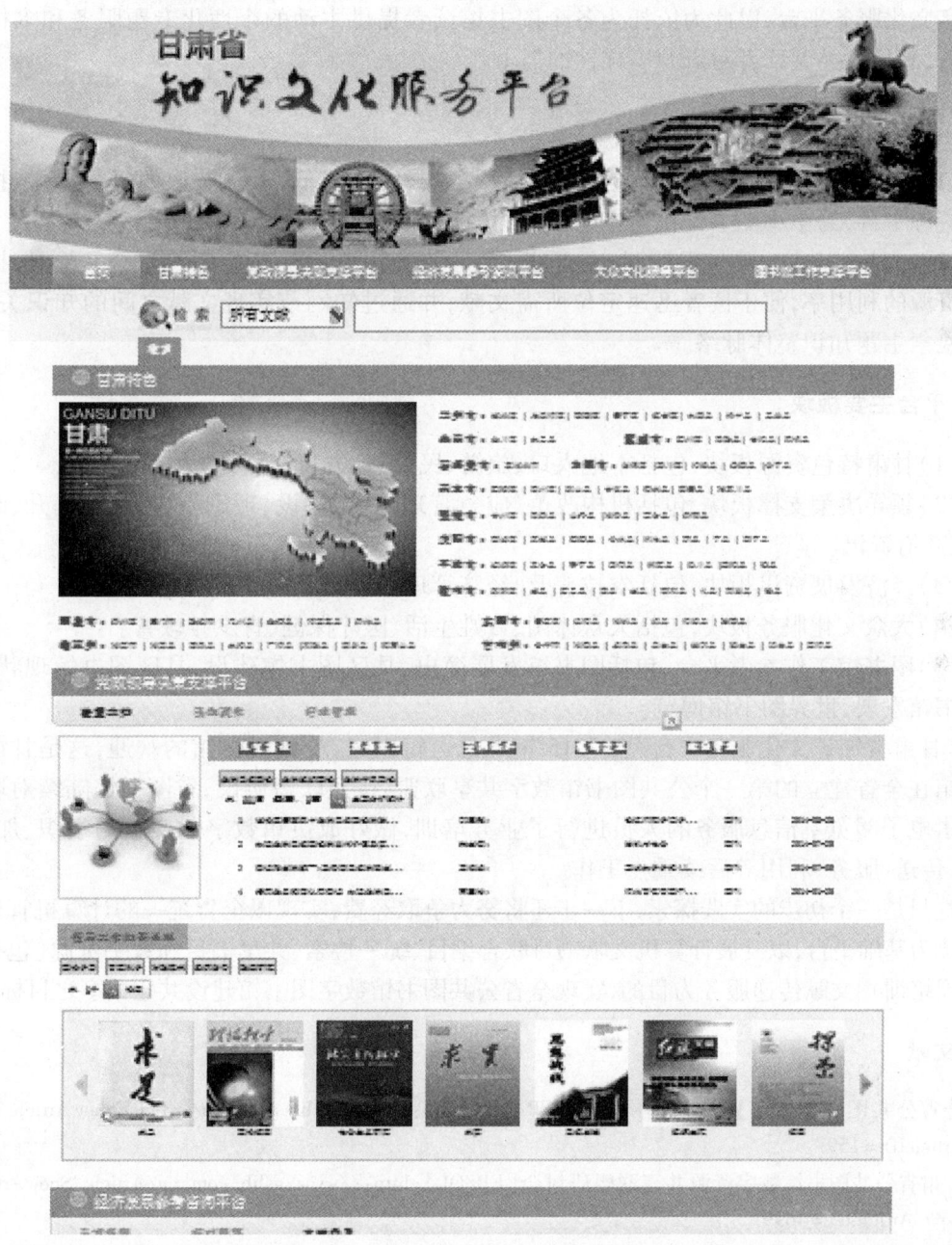

甘肃知识文化服务平台

4 "甘肃省知识文化服务平台"内容介绍

4.1 平台的设计理念

"甘肃省知识文化服务共享平台"(以下简称"平台")依托中国知网总库,构建符合县级图书馆服务需要的完善的数字资源库,自动聚类整合不同类型的主题文献资源,形成一个大的数字文化服务平台,以此为依托为各个图书馆读者提供主动的个性化专题服务和多样化的服务,满足各类型读者对资源多样性的需求。

4.2 平台的特点

(1)为用户提供主动化、个性化的针对性服务;技术门槛低,资源获取便捷容易;依托于数字资源平台,为中小图书馆快速搭建独立的门户网站。

(2)一站式检索。可实现期刊、论文、报纸、会议等各类资源的统一导航、统一检索,提高各类资源的利用率,便于读者迅速定位所需文献,并通过知网节实现文献之间的知识关联,形成检索主题知识整体脉络。

4.3 平台主要板块

(1)甘肃特色资源板块,包括本地人口、旅游、民俗、地方特产、历史人文等。

(2)领导决策支撑板块,包括机构改革、应急管理、队伍建设、理论学习、素养提升、政策研究、政府资讯。

(3)经济发展资讯板块,包括农技普及、经济管理、县域经济发展、招商引资。

(4)大众文化服务板块,包括大众休闲、百姓生活、医疗保健、青少年教育。

(5)图书馆工作参考平台,包括图书馆发展简史、县区图书馆建设、县区图书馆现状、县区图书馆发展、世界图书馆博览。

"甘肃省知识文化服务平台"自 2015 年 1 月运行以来,受到成员馆的欢迎,这是甘肃省图书馆在全省建立的第一个公共图书馆数字共享联盟,按照联盟协议,省图书馆陆续对联盟馆从事电子阅览室信息服务的人员进行了业务培训,做好成员馆数字化文献的组织、加工、发布、传送、服务、利用等后续重点工作。

这只是一个初步的实践探索,下一步还将努力争取经费,实现以全省统一的计算机管理软件系统为基础平台,以开展计算机文献书目联合编目、统一检索、共享书目和数字资源(包括讲座会展培训)、文献传递服务为目的,实现全省公共图书馆数字图书馆建设共建共享之目标。

参考文献

[1] 全省公共图书馆数字资源共享研讨会[EB/OL]. http://www.gslib.com.cn/Article/ShowArticle.asp? ArticleID=159.

[2] 甘肃省公共图书馆数字资源共享联盟研讨会[EB/OL]. http://www.gslib.com.cn/Article/ShowArticle. asp? ArticleID=4699.

[3] 甘肃省知识文化服务共享平台[EB/OL]. dbase2.gslib.com.cn/gss.

公共图书馆在"互联网+"城市服务平台开展微服务策略研究

李　颖　谢　影(上海图书馆)

1 "互联网+"城市服务与泛在的图书馆服务

2015 年 7 月 5 日国务院印发《国务院关于积极推进"互联网+"行动的指导意见》。继李克强总理在全国"两会"提出"互联网+"概念后,政府层面进一步加快落实"互联网+"战略的步伐。"互联网+"是指转化互联网创新成果,将其与社会各领域深度融合,推动技术进步、效率提高和组织变革,形成更广泛的以互联网为基础设施和创新要素的社会发展新形态。在《国务院关于积极推进"互联网+"行动的指导意见》中多次提出"创新公共服务模式",使社会服务更为便捷普惠,公共服务更加多元,线上线下结合更为紧密,资源配置更为优化,公众享受到的服务更为公平、高效、优质和便捷。

公共图书馆作为现代城市文明的文化窗口,城市发展水平的文化标志,是政府履行公共服务、社会教育职能、信息平等调节机制和城市共同记忆长期保存的基础设施,更是肩负着引领社会文明进步、建设终身学习型城市与和谐社会、保障科技创新和万众创业使命的社会信息中枢。自从 web2.0 时代开启以来,建立一种基于互联网技术的泛在的、平等的信息服务一直是公共图书馆努力的方向。

公共图书馆向来以资源高地和知识组织见长,但是因为服务知晓率低、技术创新能力相对滞后,无法使资源与知识组织的服务产品得到广泛和有效利用,反而形成了"信息孤岛"之短。"互联网+"图书馆,正是公共图书馆通过与社会力量合作,扩大基础服务影响力和使用率,拉近与社会民众的距离,加快反映的速度和服务效率的历史性机遇。结合互联网特别是移动互联网用户众多、普及率高、入口众多的特点,从而在互联网时代真正达成泛在的图书馆服务形态。

2 图书馆微服务

互联网时代信息传播方式越来越碎片化和去中心化。这种信息传播方式的反身性,也影响着读者消费信息的方式——以往不可能被使用的碎片时间被利用起来,用于阅读、处理简单的工作或生活需求。在这种背景之下,各种打着"微"旗号的微博客、微电影、微小说等进入人们的生活。公共图书馆为了迎合读者的信息获取方式和线上交流方式的改变,也逐步展开在微博和微信等移动社交网络平台的微服务。

图书馆微服务是指图书馆通过各种互联网工具,特别是移动互联网技术,采用"走出(图书馆建筑和专用网络)去,(将读者)请进来"的策略,在社交网络工具和其他用户聚集的普适性互联网应用中提供个性化、细致化、差异化的轻量服务。其服务内容包括三个层次:

(1)与传统的移动图书馆相类似的信息查询和信息通知,包括实体馆藏借阅信息、一键续借、图书馆实体空间举办的活动通知、活动预定、活动提醒等。

(2)原来基于手机客户端才能实现的信息交互和知识服务,包括实时在线参考咨询、实时文献传递、OTT(不通过通信运营商的基于第三方)通知服务、电子书刊阅读、流媒体音视频资源阅读等。

(3)超出传统图书馆系统外延的用户关系管理服务(CRM),如积分获取与兑换、游戏式图书馆教育等。

传统的移动图书馆服务往往通过发布 wap 网站或者针对不同移动终端系统开发发布相应的原生应用(native APP),用户安装和登录后,可以获得一整套大而全的图书馆服务。微服务与之相比有着以下明显的区别性特征:

(1)使用门槛降低:微服务往往与社交网络深度结合,用户无须下载安装图书馆的应用或者网页插件,就可以方便地在自己熟知的手机应用里使用图书馆服务。

(2)便捷性提升:一般采用单点登录等技术,用户只需一次性绑定图书馆账号,就可以永久使用服务,无须每次登录。

(3)时效性增强:图书馆传统的参考咨询,即便是分布式服务的参考咨询系统也很难做到真正的实时咨询。传统即时通信工具,如 MSN、QQ 等点对点的咨询方式不仅耗费人力,服务能级也得不到较大提升。而基于社交网络工具的参考咨询,通过相关供应商提供的 API 接口开发,可以实现多用户对多馆员的咨询模式,并同时完成知识库入库等后续知识组织整理工作,通过系统流程设计减少人工,加快对用户的回复速度,使实时咨询成为可能。

(4)个性化需求得到最大限度满足:即时性沟通效率提高后,用户往往可以直接向馆员提出知识服务要求,馆员利用参考咨询的接谈技巧更有效地把握用户需求,在这种充分沟通的情况下,用户的个性化需求可以得到最大限度的满足。

(5)无须大而全,贵于小而美:移动端的微服务很难照搬整个图书馆系统,如 OPAC 系统或者知识发现系统;现有图书馆系统严重滞后于时代的系统构架,也拖后了图书馆服务移动化改造的进程。各大图书馆不约而同地选择将一些精细化的特色服务搬到基于社交网络工具的微服务上,形成了服务小而美的特色。

(6)面向服务的系统构架(SOA):面向服务架构可以根据不同服务层的需求,通过网络对松散耦合的粗粒度应用组件进行分布式部署、组合和使用。服务之间通过简单、精确定义接口进行通信,不涉及底层编程接口和通信模型。图书馆有着各种需长期服务的老旧系统,在面对业务急剧变化时,需要处理新旧系统共用问题。面向服务的系统构架可以使整个业务系统更迅速、更可靠、更具有重用性,从而能够从容应对新的服务需求。

(7)服务营销一体化:建立在社交网络上的微服务,必然是将图书馆的服务营销推广与服务结合起来的。信息通知与服务功能,甚至用户关系管理结合到一起,集成进同一个社交网络账号或服务窗后台。通过一个账号或者服务窗平台,图书馆既可以对读者进行信息推送和通知,实现对图书馆服务的营销推广,又可以接受用户的服务请求并且完成对用户的服务。在实时咨询的过程中,咨询员必然也是在解答用户的疑问的同时,为用户推荐图书馆的资源,完成一次营销推广。

3 "互联网＋"城市服务是图书馆微服务的新阵地

2015年4月,腾讯与阿里巴巴两大互联网巨头先后与各地方政府签署了战略合作框架协议,共同推动"互联网＋"战略落地,助力各地建设适应地方情况的科技创新和民生服务的"互联网＋"城市服务平台。"互联网＋"城市服务平台是移动互联网上的市政民生服务大厅。

作为文化信息服务重镇的公共图书馆,理应在线上服务大厅里取得与线下服务同等的地位。但是实际情况却不容乐观。截至2015年7月14日的统计,在腾讯与阿里巴巴先期上线的微信钱包11个城市服务和支付宝45个城市服务中,仅有上海和杭州两个城市上线了图书馆服务。比较开设城市服务的上海图书馆与浙江图书馆的服务内容,总结如下表:

已开设城市服务的图书馆提供服务功能表

图书馆名称	上海图书馆	浙江图书馆
图书查询	√	√
图书预约	×	√
图书续借	√	√
读者证登录绑定	√	√
网上办理读者证	√	×
活动信息查询	√	√
活动预定	√	×
电子书阅读	直接阅读	需下载APP
基于LBS的分馆信息服务	√	×
服务公告	×	√
常见问题	×	√
服务入口	腾讯新闻客户端、微信、支付宝手机客户端、微博钱包、淘宝手机客户端	支付宝手机客户端

两家图书馆采用了不同的技术路线。上海图书馆将移动图书馆的基础服务如书目服务、用户服务、活动信息服务等整合在了一套基于HTML5编写的自适应框架的微站网页中,将这一个微站页面同步到了各个服务入口。比较有特色的服务有适应手机阅读的文本格式电子书服务和基于手机位置的分馆信息查询服务。浙江图书馆则基于支付宝商户服务窗配置,生成了一个服务页卡,同时将这个页卡同步到了杭州城市服务页面中。服务窗页卡可以通过菜单配置设定,服务内容则需要用户点击下方菜单后以不同方式完成,如读者证绑定、常见问题Q&A等使用服务窗返回菜单实现;书目查询等则通过与上海图书馆类似的HT-ML5网页微站实现;而在线阅读电子书功能则需要读者重新下载和安装APP。

上海图书馆在同一个互联网企业集团公司及其合作方下的各个城市服务入口做到了同步上线,读者体验统一性较好,服务流程设计较完整,但是尚未跳出传统移动图书馆的服务功能,功能设计围绕借书、阅读活动展开。功能较为单一,没有参考咨询和提交知识服务需求等入口。

浙江图书馆通过支付宝服务窗配置提供服务,服务菜单条例清晰,但是读者使用各种服务需要跳转不同系统,甚至需要下载和安装 APP,读者体验感较差。其中图书预约服务具有一定个性化服务特征。

总体来说,两家图书馆较早认识到"互联网＋"城市服务平台作为公共服务创新产品的重要性,基于自身的特点和技术情况、采取了不同的技术路线,在较短的时间内开垦了这块微服务的新阵地,对国内其他公共图书馆具有引领和借鉴意义。但是两家图书馆也许都抱有投石问路的心态,并没有从公共服务便捷性的"最后一公里"的痛点出发,推出真正具有创新性、个性化和便捷性特征的服务。

4 入驻"互联网＋"城市服务的机遇和挑战

短期内,公共图书馆服务在城市服务平台上线后,可以获得较多民众特别是中青年市民的关注,但是这种关注有着明显的聚光灯效应。在服务上线之初,市民通过各城市服务入口发现公共图书馆服务,会抱着试一试的心态来尝试使用,可以吸引到一批原本不了解也没有使用过公共图书馆服务的网民。"互联网＋"城市服务平台的入口位于流量上亿的移动互联网应用之内,短期内或许可以取得相当不错的服务成绩。但是一旦过了流量红利阶段,如果公共图书馆无法在众多公共服务产品中脱颖而出的话,又会回到使用用户逐步稳定、新用户增长有限的"旧常态"。

所谓流量红利阶段是指,在社会关注度较高、城市服务平台本身流量较高的情况下,平台给单个公共服务产品自然而然带来用户和使用率增长的时期。在这一阶段里,往往无须开发创新功能,也无须解决某个公共服务的痛点,就可以获得新用户和使用量的增长。在城市服务平台的初创期,大型互联网企业为了尽快抢占市场占有率,也会提供技术输出和媒体支持,与单个公共服务产品合作开发和推广。但是流量红利阶段毕竟只是一个很短的时期,从长远看仍需公共图书馆从普通用户的使用场景出发,根据"互联网＋"平台优势,重新考量、设计和研发个性化、普适性的便民服务。

在城市服务平台的创新服务设计和开发上,公共图书馆需要抓住读者使用图书馆线下线上服务时的痛点,深入到用户使用场景设计 O2O 交互,致力于解决"最后一公里"的信息鸿沟和服务隔阂。

公共图书馆还需要找到自身的弱点,大力拓展社会合作,以他人之长补己之短。特别是在保证安全的前提下,拓展图书馆大数据的开放共享。不仅要将合作纵深到文化事业服务群的细微处,开展图书馆、博物馆、档案馆、文化馆、展览馆的"互联网＋"平台的联合服务。更要将合作横向扩展到各行各业产学研技术转化的链条中,发挥信息服务和知识组织的优势,为创造万众创新的经济生产发展新局面贡献自己的力量。

公共图书馆在不同的城市服务平台提供服务时,更要基于平台的特点进行设计。通过用户访谈和用户调研,了解用户使用某种互联网应用满足哪些功能需求较多,这些功能需求又与图书馆服务有哪些契合点。然后围绕这些需求和契合点进行创新型服务的设计开发,做到用户无须选择服务平台,在使用某种互联网应用时自然而然想到用其享受某种图书馆服务。

公共图书馆在加强城市间互相学习的同时,不应局限于服务功能的简单模仿拷贝。而应该根据地方文化特色,寻求城市图书馆服务的差异性亮点。这种亮点应该结合长期以来图书馆服务的特色。比如有汽车图书馆送书上门的图书馆可以开发预约送书和查询物流状态的功能,有家庭图书馆服务的图书馆可以开发基于社交网络的家庭换书功能等。

5 "互联网＋"城市服务平台开展微服务策略建议

最后,我们对各公共图书馆在"互联网＋"城市服务平台开展微服务提供一条通用技术路线图,并提出几点服务展开策略上的建议。

公共入驻互联网城市服务平台应该遵循这样几条基本宗旨。

(1)无处不在:公共图书馆可以使用 HTML5 技术和面向服务构架设计,以支持跨终端多平台、支持移动性和富用户界面的服务。一套服务可以模块化设计,根据各个平台的不同需求进行分化重组,以达到灵活组合和即时更新的效果。尽可能地将图书馆服务植入到各类互联网服务平台。对用户来说,图书馆服务就像一个购物中心那样可以有无数个入口,可以根据自己的需求从自己适应的入口进入各取所需。

(2)全天候响应:在城市服务平台进行线上服务必定是符合 24/7 准则的。城市高度发达带来快节奏的生活方式,不关门的图书馆虽然在现实中由于主管部门对安全、成本和服务效果的考量较难实现,但是线上服务必定是全天候服务响应的图书馆。在人工无法顾及的时间段内,应采取智能机器人技术完成最基本的服务。

(3)全场景覆盖:公共图书馆应该仔细切分既有的服务链,深入用户使用场景,将服务分割成一连串简单交互的链接,使用户在使用移动设备时就可以通过简单操作完成服务链中一个或几个功能,而无须像传统图书馆系统那样,必须在正确的步骤下完成设定,才能享受某种服务。

(4)全流程设计:复合型图书馆早已不再是单纯借书还书的地方,讲座、展览、活动、培训、文化欣赏和体验,甚至读者之间的交流等已经成为作为城市第三空间存在的图书馆服务内容主体。包括图书借阅在内的各种服务形式必须在整个流程中互相穿插地设计到城市服务平台里,并形成各种服务形式线上线下交互的 O2O 闭环。通过线上交互为线下服务提供更为便捷的使用体验,通过线下服务的线上反馈为图书馆大数据分析提供必要的支撑。

(5)全媒体服务:复合型图书馆的信息载体必定是全媒体的,公共图书馆的城市服务应该考虑纸媒体信息资源和数字媒体信息资源的共生共存以及优势互补的问题,加强信息的整合揭示,在各种媒体信息资源的馆藏目录中增设相互链接,使用户可以方便地选择同一种资源的不同媒体类型。

综上所述,公共图书馆应该抓住社会热推创新公共服务的历史性机遇,通过纵横展开社会合作,通过"三步走"的方式攻下城市服务平台这块新阵地。第一步,可以将图书借阅、用户认证、数字阅读及多媒体内容服务、文化活动、位置导航等已在传统移动图书馆建设好的服务移植到城市服务平台,占据智慧城市服务的一席之地;第二步,本着"互联网+"链接一切的精神,向其他公共服务机构、其他政府部门甚至社会企业和社会组织深度开放,展开用户认证、社会信用体系、用户关系和用户行为管理、大数据分析方面的合作,同时将图书馆服务的触角深入城市服务的方方面面,使智慧图书馆服务更智能、更有效、更贴心、更便捷;第三步,应该结合每个城市市民的生活习惯、城市环境,本着发挥图书馆长期以来的优势特色的宗旨,积极寻找各自的特色和亮点,在移动互联网上形成图书馆服务"百花齐放、百家争鸣"的局面。只有这样,图书馆事业才能在未来十年的互联网上立于不败之地。

参考文献

[1] 新华社. 国务院关于积极推进"互联网+"行动的指导意见[EB/OL]. http://news.xinhuanet.com/politics/2015-07/04/c_1115815944.htm.

[2] 上海图书馆支付宝城市服务[EB/OL]. http://zsm.library.sh.cn/.

[3] 上海图书馆微信城市服务[EB/OL]. http://reg.library.sh.cn/wfw/.

[4] 浙江图书馆支付宝服务窗[EB/OL]. https://qr.alipay.com/ppcex8in4upj5qp75f.

[5] 第十二次全国国民阅读调查数据在京发布[EB/OL]. http://www.chuban.cc/zlku/kykt/201504/t20150420_165698.html.

[6] 靳艳华. 图书馆开展微服务工作的思考图书馆[J]. 工作与研究,2014(12):33—35,47.

[7] 高兵,董素芹. "云"环境下的图书馆"微"服务研究[J]. 图书与情报,2014(1):128—130.

[8] 天津社会科学院与天津市财政局联合课题组. 互联网+提升城市公共服务水平研究[J]. 城市,2015(5):31—42.

构建江苏公共数字文化在线培训平台策略研究

——基于江苏省公共数字文化网络培训调研数据分析

姚　波（南京图书馆）

1　引言

鉴于数字图书馆推广工程、文化共享工程、全国公共电子阅览室计划具有高度统一性，南京图书馆于2014年组建江苏公共数字文化建设中心，统筹协调三大工程工作，相关网培需求由此增大，传统的集中培训因成本高、覆盖率低日渐式微。同时，随着公共数字文化建设步上全面惠民之路，公共数字文化培训需求激增，着力打造能满足不同层次需求的大规模开放式网培平台刻不容缓，而平台建设的关键是相关现代技术的合理应用与推广。为此，笔者采用问卷调查法、文献分析法、电话访问等方法，对江苏网培推广整体情况以及培训需求进行调研，分析网培新技术利用的有利与阻滞因素，以此确保新技术的合理利用，新模式网培平台建设工作得以顺利展开。

2　江苏省公共数字文化网络培训基本情况

目前，江苏省公共数字文化网络培训主要面向文化系统从业人员，培训渠道分别是共享工程的数字文化学习港、数字图书馆推广工程的网络书香、国图公开课，以及文干院公共大课堂，培训人次近7万。共享工程与数字图书馆推广工程网培课件平均时长为1—1.5小时，学员在两周内任意选择时间学习，或在线或下载课件，学习结束后写学习心得，巩固已学知识，国家中心从中选出一些有价值的公布在网上，供全国学员分享。国图公开课与公共大课堂是实时在线授课，学员在固定时间、地点集中收看。

在具体网培推广工作中，苏南表现突出，2015年，仅苏州一地，参加数字图书馆推广工程与文化共享工程第一期网培人数近6000人，且呈逐年上升态势。苏中次之，苏北相对滞后。这表明江苏网培推广的难点在苏北，了解该地区、基层从业人员的培训需求对今后网培新技术推广至关重要。为此，笔者选定该地区网培工作开展较好地徐州沛县、连云港、盐城射阳县作为调研样本，发放文化站基层干部调查问卷100张。同时，考虑到进城务工人员也应是公共数字文化重点培训对象，更是今后网培发展对象，故此按地级市、区县、乡镇三级划分，选定南京、扬州的宝应、邗江区、江都以及高邮的车逻镇、甘垛镇、高邮镇、湖西新区、界首镇、开发区、菱塘回族乡、龙虬镇等作为调研样本，发放问卷238张，均受到热烈反响，问卷回收率百分之百（表1、表2），但是部分调查问卷回答问题有所缺失，并没有填完所有栏，因此表

2 中"4 学历/人数""5 职业/人数""6 目前工作的时间/人数"这三栏的统计总数均小于问卷数 238。

表 1 调研地区文化骨干基本情况表

1 工作单位/人数									
县	20	乡	40	街道	20	社区	18	村	2
2 性别/人数									
男	55	女	45			–			
3 年龄/人数									
18—24 岁	1	25—30 岁	29	31—40 岁	38	41—50 岁	25	51 岁以上	7
4 学历/人数									
小学	0	初中	1	高中	20	大专	65	本科	14
5 文化工作时间/人数									
1—3 年	38	4—6 年	24	7—10 年	15	11 年以上	23	–	

表 2 调研地区进城务工人员基本情况表

1 工作地点/人数									
地级市	81	市县	63	乡镇	71	街道	5	社区	18
2 年龄/人数									
18—24 岁	29	25—30 岁	65	31—40 岁	46	41—50 岁	41	51 岁及以上	57
3 学历/人数									
小学	2	初中	53	高中	98	大学专科	51	本科	30
4 职业/人数									
服务业	65	建筑业	43	制造业	15	其他	27	–	
5 目前工作的时间/人数									
不到 1 年	9	1—3 年	49	4—6 年	11	7 年及以上	56	–	

3 江苏公共数字文化网培技术推广的有利条件与阻滞因素分析

不同于传统的线性灌输式网络培训，现代信息技术环境下的网络培训特点是共享与交互性，其实现基础是网培新技术的应用。因此，通过对促进与阻滞网培新技术利用的因素之分析，可让相关新技术推广工作更具针对性与有效性，相关技术的合理利用可以有效地拓展教学时空，适应多样化的教学内容，惠及更多的培训对象。本文中的网培新技术是指能满足网培的共享与交互需求的相关网络教育技术，包括大数据、新媒体技术等。

3.1 现代网培技术植入的有利条件

（1）网培形式在基层认可度较高，网培新技术推广的基础已经形成。基层从业人员是工程网培重要对象，他们对网培形式的认可度将极大促进网培的新模式与新技术植入。据调研数据（图1），基层文化骨干平均年龄为31—40岁，大专及以上学历占79%。而国家中心网培因其操作简便、不受地点时间等便利性赢得广大学员认可，调研地区参培率达百分之百。此外，学习心得、人数统计、现场照片等构建了一个较完整的评价体系，一定程度激励了学员的学习热情，起到了较好的培训效果，网培学习模式已为广大基层人员所接受，这些都为网培技术的推广奠定了可靠的基础。

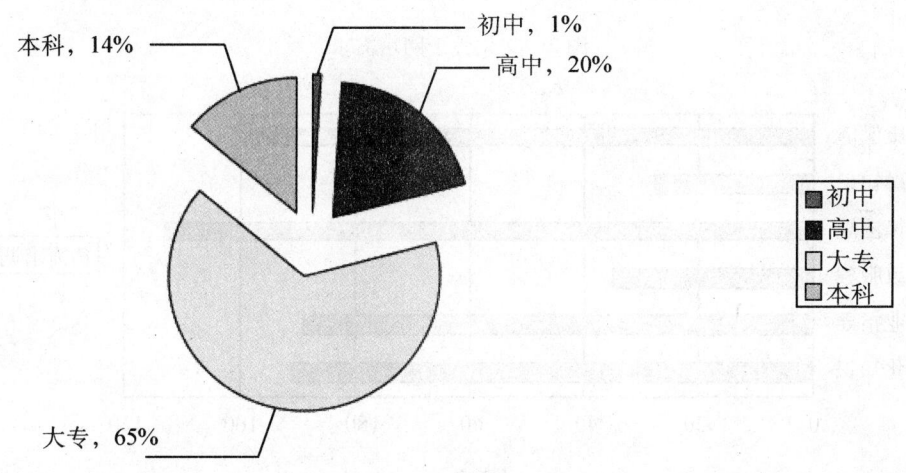

图1　文化骨干学历调查

（2）网培需求成为新技术利用的原动力。新技术发展需要足够的网培需求拉动。据反馈信息（图2、图3），从业人员最希望了解的是有关政策法规以及数字资源建设相关知识，这是和当前文化共享工程建设热点相符，说明工程项目能有效拉动从业人员培训需求。同时，进城务工人员接受培训愿望强烈，80%的年轻人希望通过网培提高个人能力，90%51岁以上的受访者希望通过网培了解健康保健相关知识。90%的受访者希望网培采用便于学习的方式，85%的人希望课件内容丰富，20%的人希望提供互动空间。希望一周学习1—4小时的占45%。希望通过网培了解相关政策法规制度的比例近90%。这些都说明主动性网培需求旺盛，传统的网络培训技术已经不能满足人们的培训需求，亟待推广新技术，以惠及更多的教育对象。

（3）青年务工人员是拓展网培服务及新技术应用范围的重要保障。据调研数据（图4），40岁以下的务工青年中，有60%以上参加过网培，网培地点大多为职业学校，他们对在线教育模式比较熟悉，对网培新技术接受和适应能力都很强。这部分群体存在是网培新技术推广的重要保障，网培新技术的推广先从该群体开始，为全面推广积累经验。

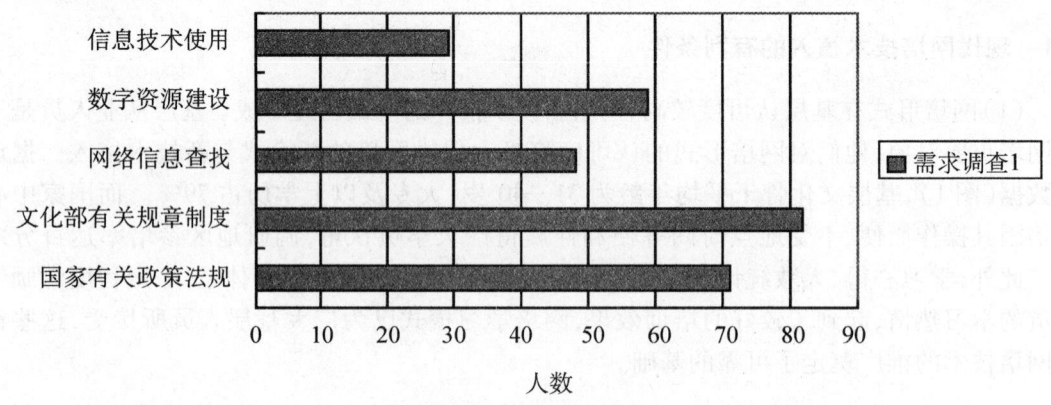

图 2 文化骨干网培需求

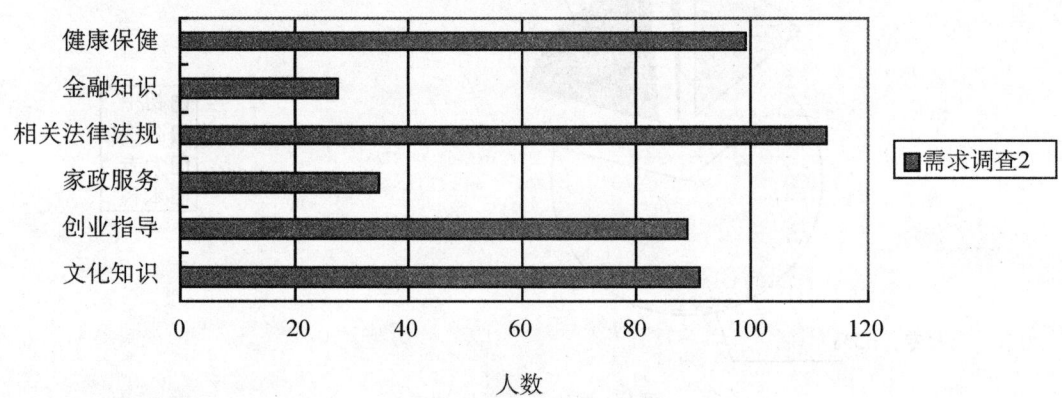

图 3 进城务工人员网培需求

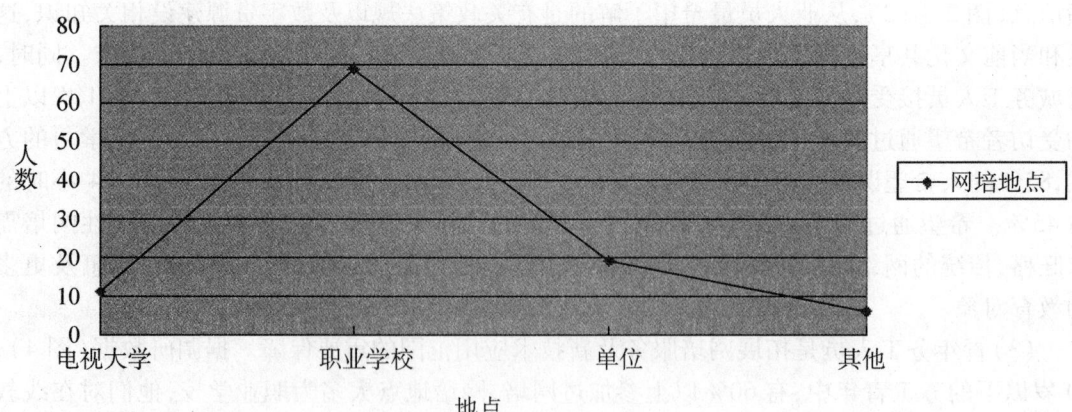

图 4 进城务工人员网培地点调查

(4)移动设备渐成气候,为新技术应用打开空间。据调查数据(图5、图6),用PC机上网学习是文化骨干这一群体的主流,比率高达78%,平板与手机等移动设备使用率为30%,其中85%的用户具有排他性,即不用PC机上网学习。进城务工人员群体中,近60%通过移动设备上网,这是符合当前人们上网习惯的,也符合这一群体流动性大的特征。故此,发展无线网络培训应该成为相关新技术应用的重要方向。

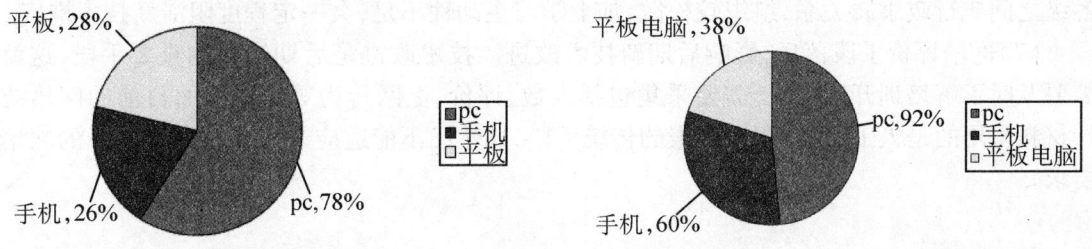

图5 文化骨干网培设备调查　　　　图6 进城务工人员网培设备调查

(5)云技术在公共电子阅览室的成功应用起到了示范作用。目前江苏公共电子阅览室已投入使用,省中心根据云管理平台统计数据对全省服务情况做了全方位报道,包括有效开机率、单机使用时长等,数据之翔实让人切实感受到了现代信息技术的威力,有力推动了网培新技术的应用。

表3　公共电子阅览室统计表

序号	地区	电脑终端数	有效开机量	有效开机率	服务人次	服务人数	服务时长(分钟)	单机服务人次	单机服务时长(分钟)	单人上机时长(分钟)
1	省馆	216	193	89.4%	29 984	6039	2 713 598	139	12 563	449
2	苏州	409	366	89.5%	44 814	5162	3 983 726	110	9740	772

3.2 现有模式对网培新技术植入的阻滞因素

(1)网培定位低,不利于新技术网培推广。目前江苏公共数字文化网培定位为内部培训,仅作为三大工程建设的辅助手段,这必然导致对培训工作的重视度不足,限制了教育时空与网培的多样化发展需求,易造成新技术缺少应用空间。

(2)网培对象单一,推高新技术应用成本。在诸如云计算等新技术环境下,受众越广,新技术价值体现越充分,投资回报也就越大。目前培训对象局限于从业人员,使得新技术受益面狭窄,利用价值低,不利于降低新技术推广的成本。

(3)网培模式单一,限制新技术推广发展空间。目前网培模式单一,忽视培训对象个体差异,未分级分类展开培训,课件设计属于传统的灌输式线性教育模式。而新网培技术应用具有互动、共享、云架构等优势,更适合多级细分、协商对话的非线性培训模式,故而现有模式严重阻碍了网培新技术的发展空间。

(4)需求分析缺失,削弱新技术推广针对性。有针对性的新技术推广就是从用户需求角度出发,制订推广计划。而目前工程网培需求主要是项目建设拉动,学员主动性需求未能得到体现,新技术优势无法充分展示。

（5）网培课件设计不合理，降低学员运用新技术的热情。网培环境下，学生在学习中应占主导地位，自己可以选择课件中章节。而目前工程网培课件仍为传统教学模式，即老师主导，学生被灌输，更缺互动环节，必将挫伤学习积极性，进而失去对新技术应用的热情。

（6）缺少激励与约束机制，影响前期新技术推广。网培新技术作为新生事物，在推广初期总会遇到阻力，这就需要一种自上而下的约束与激励机制来冲破阻力。而现在工程网培各级之间非行政隶属关系，组织较松散，加上学习主动性不足，会一定程度阻滞新技术推广。

（7）网培评价手段落后，影响后期新技术改进。技术改进是后期维护的重要手段，这就需要及时了解培训开展情况，需要采集包括人数、评价、上网行为等数据。而目前的网培统计材料采用的是人工统计，逐级上报的传统手段，显然已不能适应未来新技术环境下的网培要求。

4　现代信息技术环境下新型培训模式发展策略

针对以上问题，江苏省公共数字文化建设中心以需求为导向，改进管理模式，促进新技术利用，打造全新慕课模式的在线培训平台。

（1）找准定位，实现网培社会化。根据文化部、财政部联合下发的《关于进一步加强公共数字文化建设的指导意见》相关文件精神，公共数字文化建设对提高全民文明素质，构建社会主义核心价值体系有着重要意义，这就决定了公共数字文化服务应具有教育引导功能。因此，将网培定位于面向全社会的公共数字文化培训是公共数字文化事业发展的必然选择，更是文化惠民工程得以顺利实施的重要保障。

（2）利用制度优势，促进网培模式转变。网培形式松散，如没有相应约束激励机制，难以充分发挥网培优势，甚至会阻碍网培发展。因此，在推广初期需要一种自上而下的约束机制，利用制度优势，促进新模式的亮点在较短时间内得到充分展现。借鉴大学教育学分管理制，将学分纳入各级单位工作考核体系，无疑是最行之有效之法。

（3）利用大数据分析功能，及时有效地评价学习效果。学习评价旨在衡量课件质量与学习效果，以便及时改进教学模式或课件内容。这就要求评价工具或系统具备快速、全面、准确的特点，而这些特点正是大数据技术优势所在，并且数据体量愈大，其分析优势愈加明显。

（4）利用公共电子阅览室的上网行为统计分析，引导各地按需求开发课件。

上网行为管理与分析是公共电子阅览室一重要功能，可以帮助省中心了解各地上网内容偏好，由此把握群众网培需求，组织力量或指导各分中心制作相关主题课件，满足当地群众公益文化培训需求。

4.1　概述

通过以上分析，我们大致需要一个大规模、开放、灵活、互动、有效管理的在线培训平台，既能充分利用相关网培新技术，又能满足不同用户群体甚至个体培训需求，而当下风靡全球MOOC成为平台建设模式的天然选择，如图7所示。首先，MOOC的要素是大规模与开放，服务对象是社会大众；其次，MOOC是课程教育，具备完善的学习管理功能；再次，MOOC区别于传统模式的关键是"自主、协作、交互"。基于此，我们可以在现有视频培训提升系统基础上发展公共数字文化慕课培训平台,它以视频服务支撑平台为基础,以视频培训考核和视频在线编辑作为核心应用,并辅以学员管理软件服务和资源制作服务。平台以省中心作为主要应用支撑,对于具有条件的县市可以实现 CDN 支节点的部署,并实现统一调度管理,最终做到先进的慕课培训覆盖全省,优秀的培训视频全省共享、人人可创作视频培训资源、多终端实现教学互动、多途径学习心得分享。

慕课培训平台
核心服务系统

- 慕课在线创作子系统
- 慕课云服务子系统
- 慕课在线学习子系统
- 慕课智能分析子系统
- 慕课运营服务子系统

图标说明：

慕课培训系统应用功能

资源管理   课程管理   考核管理   互动管理   其他管理

资源管理	课程管理	考核管理	互动管理	其他管理
• 知识点管理 • 视频管理 • 文档管理 • 习题管理	• 课程栏目管理 • 课程章节管理 • 课程资源关联 • 课程内容管理	• 题库管理 • 作业管理 • 试卷管理 • 成绩管理	• 评论管理 • 问答管理 • 笔记管理 • 评价管理	• 用户管理 • 学习进度 • 行为痕迹 • 统计分析

客户端应用

PC终端   平板、手机   PC终端   平板、手机

PC终端	平板、手机	PC终端	平板、手机
• 视频在线制作 • 视频在线编辑 • 课程在线管理 • 在线互动交流 • 直播互动教学 • 其他管理功能	• 边录像边上传 • 本地视频上传 • 直播互动教学 • 在线互动交流	• WEB在线学习 • 课程互动讨论 • 课程互动作业 • 知识点问答 • 课程在线笔记	• App在线学习 • 微信关注学习 • 课程互动讨论 • 课程互动作业 • 课程离线学习

图7 慕课培训平台应用示意图

4.2 慕课培训平台主要功能

4.2.1 具备"云服务功能"的培训服务云平台

能够为多级单位提供互动式培训系统平台服务,部署方式灵活多样化,具体部署模式有如下三种方式:

(1)能够提供全云架构部署模式。在江苏省公共数字文化建设中心或阿里云部署一套云架构的慕课培训平台,能够支持全省各级单位以入驻平台的模式开展属于自己单位的个性化培训工作。

(2)能够提供混合式云架构部署方式。在省中心服务器或阿里云部署全省慕课培训云平台的网站及数据库,分支节点只需部署一台服务器安装慕课资源服务器,就能满足本地区慕课资源就近访问应用需求。

(3)能够提供分布式 CDN 部署方式。分支节点安装慕课培训平台全部服务模块,同时

可与省中心节点慕课培训平台实现互联及资源共享服务,为本地区提供个性化的慕课方式的综合培训应用。

4.2.2 具备"多级架构用户管理功能"的培训服务云平台

能够支持多级组织架构的用户管理功能,同时平台培训内容可以自定义推送给需要学习的用户单位或者用户组,以及学员主动关注报名等功能。

4.2.3 具备"在线视频创作功能"的培训服务平台

能够提供动态引导创作功能,通过引导系统将各种类型的教学素材有机组合,轻松完成微课培训视频的制作(包括在线制作多媒体方式的培训 PPT、在线计算机屏幕录制、PPT 播放过程的录制、在线配音制作等功能),资源创作完成后将自动保存到服务器。

4.2.4 建成具备"在线视频编辑功能"的培训服务平台

(1)片头或片尾资源制作。提供不同比例的图片素质、背景音乐素质上传管理功能,提供文字层覆盖图片功能,可以在图片任意坐标上叠放文字内容,并可编辑文字样式。提供片头时长自定义功能,利用鼠标拖拽即可完成片头时间的定义。

(2)视频编辑功能。提供微课资源的片头、片尾插入,音视频轨道的剪切、合并、特效、淡入淡出、水印等特效处理。

4.2.5 具备"线上互动课程管理功能"的培训服务平台

提供线上互动课程管理功能,以知识点为主线,将相关培训学习资源(目标、任务、方法、视频资源、作业、互动与反思等)进行有机组合发布,形成了具备互动性和高度可参与性的课程体系。

4.2.6 具备"线下面授课堂管理功能"的培训服务平台

平台能够提供面授课程二维码生成、面授课程详细信息发布、学员签到管理(微信签到或者专业 APP 签到)、现场问题随机抽查(随时出题,学员及时回答/投票)等线上、线下互动管理功能。

4.2.7 具备"多终端教学实况直播功能"的培训服务平台

平台能够提供多终端信号直播采集功能,可以轻松实现 PC、手机对现场实况进行直播采集、录播功能,同时也可视需要提供多画面导播采集功能。

4.2.8 具备"多途径的微信/APP 在线学习功能"的培训服务平台

平台能够提供主流移动终端微信关注在线学习,以及 Android,IOS 等主流操作系统原生态的 APP 应用在线学习,以便于实行教师及学员随时随地移动化教学及学习。

4.2.9 具备"多种互动教学功能"的培训服务平台

平台能够提供多种互动方式,包括课程学习、课后作业(互动测试,能够提示回答的对与错及相关解题思路提示)、学员在线笔记、学员教师之间在线讨论、学员教师之间在线问答、学生评价课程资源等互动方式。

4.2.10 建成具备"大数据智能分析功能"的培训服务平台

平台能够提供课程建设情况、学员学习情况、学员学习进度、学员评价情况、师生互动讨论问答等教学痕迹的统计分析功能。

4.3 慕课培训资源持续创作服务

在资源建设方面主要从以下两方面入手:

（1）利用平台的在线创作。在线录制、板书拍摄、在线 PPT 制作（多媒体资源组合）、在线编辑等功能，让业务能手及相关培训教师可以轻松完成微课培训视频的制作及编辑，为人人可创作优秀资源提供了可能。

（2）利用厂家精良的慕课制作团队。慕课课件制作是一项专业化程度很高的工作，需要市场化操作，为培训资源提供慕课思维模式的精细化创作和制作服务（包括拍摄类资源编辑优化、动画设计类资源制作优化、录制屏幕类资源优化）。

5　结语

社会教育是公共数字文化服务功能之一，而席卷全球的慕课在线教育更为我们提供了可借鉴的发展模式。在现代信息技术环境下，大力发展公共数字文化在线培训是数字图书馆推广工程发展的应然选择，更是公共数字文化惠民工程之应有之义。

参考文献

［1］文化部，财政部.关于进一步加强公共数字文化建设的指导意见［R］,2011.
［2］文化部公共文化发展中心.全国文化信息共享工程培训工作实施意见［R］,2013.
［3］刘和海，张舒予，朱丽兰.论慕课的本质、内涵与价值［J］.中国学术电子期刊,2014(12):5—11.
［4］胡钦太，林晓凡.面向社会教育的 MOOCs 应用模式及优化设计研究［J］.电化教育研究,2014(11):30—36.
［5］陈顺.基于云计算的公共数字文化服务技术支撑平台建设——福建省数字图书馆推广工程建设的探索与实践［J］.国家图书馆学刊,2012(5):66—70.
［6］邓晓丽.我国农民工教育培训问题的研究［D］.成都:四川师范大学,2007.

"互联网+"背景下农家书屋现状及数字化建设的思考
——以天津西青区农家书屋工程建设为例

孟　萍(天津市西青区图书馆)

1 引言

"互联网+"是互联网思维的进一步实践成果，它代表一种先进的生产力，推动经济形态不断地发生演变，从而带动社会经济实体的生命力，为改革、发展、创新提供广阔的网络平台。通俗来说，"互联网+"就是"互联网+各个传统行业"，但这并不是简单的两者相加，而是利用信息通信技术以及互联网平台，让互联网与传统行业进行深度融合，创造新的发展生态。农家书屋工程则是我国新农村文化建设的重要组成部分，是重点民生工程，其本质就是设立在农村面向农民的公共图书馆。随着计算机网络技术和海量存储技术的迅猛发展，传统意义上的农家书屋显现出越来越多的缺点，面临着严峻挑战，"互联网+"背景下农家书屋走向数字化已成为时代所需和社会发展的必然。2015年5月22日，天津发布互联网发展状况报告，全市网民已达904万，本市网民普及率达六成。根据国家统计局统计，中国13亿人口中农村人口占56%，可见，农民已成为网络用户中不可忽视的巨大群体，因此，农家书屋必须采取相应的措施，以保证农民读者获取更丰富的信息。笔者将以天津西青区农家书屋为典型，进行调查、分析、论述，探讨如何实现将现有的农家书屋与网络相结合，从而创建新型的、适合农民读者特点的数字化农家书屋。

2 农家书屋现状分析

自2007年3月农家书屋工程在全国范围实施以来，截至2016年，全国累计建成农家书屋50.5万家，覆盖84%的行政村。天津市农家书屋工程从2008年开始进行试点工作启动，截至2016年共建成农家书屋1081个，实现了天津市农家书屋全覆盖的目标，每个书屋配置图书不少于2000余册，并每年向每个书屋补充一定数量的新书。在天津市各区县中，西青区农村区域面积较大，作为试点，农家书屋建设具有一定的代表性。因此，通过西青区农家书屋现状调查分析、查明问题所在，对农家书屋的发展具有十分积极的借鉴意义。根据天津市新闻出版局发出的《关于开展天津市农家书屋工程摸底调查的通知》，笔者对西青区创建的149个农家书屋及西青区重镇杨柳青农家书屋进行了摸底调查。调查结果如表1、表2、表3所示。

表1　天津市西青区九个街镇农家书屋摸底调查

编号	乡、镇、街	行政村总数（个）	书屋总量（个）	书屋总面积（平方米）	行政村总人口（人）	图书总数（册）
1	杨柳青	26	26	1117	48 434	73 100
2	李七庄	16	16	1120	24 980	80 400
3	大寺镇	17	17	652	45 413	25 500
4	王稳庄	15	15	495	34 040	41 000
5	西营门街	3(10个城中村)	3	173	3104	16 000
6	辛口镇	18	18	610	37 511	49 000
7	张家窝	13	13	565	33 071	25 500
8	中北镇	22	22	918	44 563	39 017
9	精武镇	18	18	1460	25 752	32 500

表2　天津市西青区杨柳青镇政府农家书屋摸底调查(前三名)

建设时间	乡镇街	所在地	管理员	书屋面积(平方米)	行政村人口(人)	图书册数(册)	图书分类						读者意见
							农业科技	文学艺术	医疗保健	电子文献	少儿图书	其他	
2008年	二街村	轩园社区	大学生村干部兼职	60	1250	5000	18.3%	23.6%	11.4%	0%	9.3%	37.4%	图书破旧严重，更新慢，开发时间短,检索困难
2010年	十街村	新华道	村团支书兼职	40	1100	2800	14.7%	25.5%	13.9%	0%	11.1%	34.8%	馆舍面积小,开放时间短,无电子阅览室
2015年	英伦社区	英伦社区	临时管理员	60	5000	4000	13.6%	28.1%	13.2%	0%	10.8%	34.3%	图书种类单一,期刊时效性差,无数字资源

表3　天津市西青区农民读者信息需求与获得情况调查

信息获得途径	电视、广播	50.5%
	图书馆图书、报刊	16.5%
	打麻将、下棋等	20.5%
	手机、网络	10.5%
	其他	2.0%
信息需求类型	农业科技	40.5%
	新闻娱乐	36.2%
	医疗保健	15.5%
	文化教育	5%
	政策法规	2.8%
注:采取向杨柳青镇26个村发放1000分试卷,回收率85%,进行抽样问卷调查		

根据以上表格的调查结果,发现现有的农家书屋虽然建成的数量已经达标,但是信息获取和所需失衡,农家书屋利用率很低,缺点明显。

(1)馆藏资源少,出版物形式单一,资料检索困难,农民阅读积极性不高

农家书屋是为农民建设的,只有农民读者踊跃参与进来,积极阅读,才能最大限度发挥书屋的作用。但随着农民读者信息需求类型的多样化,农家书屋每年仅凭政府补充方式增加文献数量,早已经不能满足农民读者的需求,况且每年补充量有限,且一般都是以印刷品为主,文献类型单一,数字资源匮乏,资料检索困难重重,与农民使用媒介偏好之间产生矛盾,致使农民阅读积极性不高,书屋形同"形象工程",不能充分发挥其社会职能。

(2)资源配置不合理,资源老化,出版物针对性不强,图书长期闲置

农家书屋藏书类别较少、报纸期刊时效性差(文献半衰期较短),由于纸制印刷品本身比较容易损坏,且不易长久保存,加之图书更新速度较慢,阅读需求量不断增加,读者尚缺乏保护图书的意识,导致馆藏资源损毁严重。由于农家书屋出版物的选配目前主要是以新闻出版单位为中心,按照上级要求统一配送,因此,很大程度上无法提供农民所需要的书籍,当受众不能选择自己需要的信息加以利用的时候,便削减了农家书屋的功能和藏书使用率。从表2,表3可以明显看出,农家书屋藏书类别和农民读者信息需求类型存在着明显差异,仅农业科技一项,差比率已达到20%以上。

(3)馆舍面积小,基本服务设施缺乏,管理不完善,服务水平低下

印刷品图书储存、阅读都需要占用大量的空间,但农家书屋馆藏面积都不大,随着藏书和读者的增多,空间捉襟见肘,并且,基本服务设施(如电脑、复印机、扫描仪等)缺乏,不能达到基本公共文化服务要求。农家书屋缺少专职人员管理,由于管理者大部分为兼职,许多工作占去了管理者的时间,致使书屋开放时间不足,读者不能及时借到图书,获得所需信息,阅读积极性因此受到挫伤。如此循环,书屋冷冷清清,资源浪费严重,借阅产生瓶颈。

3 数字化建设是推进农家书屋可持续发展的重要途径

3.1 农家书屋数字化技术优势

数字化书屋和传统书屋相比,有着明显的优势,主要体现在出版物的数量、内容、时效性以及阅读时间等方面。

(1)相比纸制书籍,现有各种数字化读物成本低廉,而且基于网络,现有的数字化读物可以以共享的方式给多台计算机浏览和查询,且内容丰富、更新速度快、时效性强,不受时间和空间上的限制。

(2)数字化读物的特点在于易于传播,便于保管,检索方便,存储快捷,空间占用小,并可集图像、声音、动画于一身。在保存方面,一般纸制图书保存时间超过10年以上就会出现发黄、纸质变脆等现象,而现在的电子版光盘书籍一般的保存时间为70年,采用柯达技术制作的光盘更可以保存达百年之久。

(3)数字化读物的优点还在于体积小巧,便于储存,且单位体积存储的数据量惊人。一张容量为650M的只读光盘(CD-ROM)储存的文字版书籍基本上就可以相当于一个小型图书馆的馆藏书目,而现在采取最新的磁盘阵列、光盘库技术的大规模存储,可以保存的数据更可以说是海量的、无限的。另一方面,与纸制图书相比,相同体积内,可存储电子版书籍为传统书籍的10—20倍[1]。

3.2 国内、国外数字农家书屋建设经验

农家书屋数字化建设在我国一些发达地区已经开始建设,并取得了很好的成效。2010年中国航天科技集团直播星信息数字技术有限公司分别与陕西省新闻出版总局、湖北省新闻出版总局签署了《"卫星数字农家书屋"战略合作协议》,以探索建设"卫星数字农家书屋"的模式,使农民可以观看音视频读物、电子图书等[2]。同方知网开展数字化农家书屋建设,将专业期刊、报纸等数字化资源整合成"三新农"知识库产品,并在全国23个省的68个地市建设完成多个试点。新型书屋不但满足了读者借阅需求,而且提升了书屋层次,得到广大农民读者的喜爱[3]。

美国、英国等发达国家为了加强信息技术的广泛应用,在农村图书馆(农家书屋)安装无线"热点"以获得热点服务区内无线因特网服务,并且提供网上借阅服务。印度的农村图书馆也广泛应用网络信息技术,他们把公共图书馆作为脱机中继,向那些未有网络覆盖的地区提供下载和发送现有的网络信息。日本一些农村图书馆,十分重视中文古籍的整理和编目工作,逐步将具有代表性的古籍文献数字化,成为在线学习中心,为读者提供大量信息资源。

从这些先进的发展经验可以看出,农家书屋的发展必须与现代化网络信息技术紧密结合,只有采用现代信息技术和媒介逐步走向数字化才能符合现代新型农村文化建设的需要,同时,数字化建设是农家书屋发展的必经之路。

4 农家书屋可持续发展的数字化建设措施

4.1 数字化农家书屋内容资源建设

数字化农家书屋内容资源建设是重要的环节,它直接影响着农民读者的阅读质量和阅读需求。1974年E.卡茨在其著作《个人对大众传播的使用》中首次提出使用与满足理论,他将媒介接触行为概括为一个"社会因素＋心理因素—媒介期待—媒介接触—需求满足"的因果连锁过程,提出了"使用与满足"过程的基本模式。使用与满足理论认为:人们接触使用媒介的目的都是为了满足自己的需求,而这种需求和社会因素、个人的心理因素有关[4]。可见,内容资源建设一定要考虑农民特点,在内容资源建设上应注意其文化程度、心理特征、解决实际问题的需求等方面,尽量使内容平民化,具有易获得性,适合农民读者浏览;内容和形式应多样化,满足农民生产学习、休闲娱乐的需要;内容要真实可靠,具有时效性、科学性、综合性,便于农民读者信息搜索,能在海量信息浏览中获得新技术的指导。由此,笔者认为数字化农家书屋馆藏来源可从以下几类中获取:

(1)国家准予出版的各类电子出版物

按照新闻出版总署的规定,电子出版物是指以数字代码方式将图文声像等信息编辑加工存储在磁、光、电介质上,通过计算机或者具有类似功能的设备读取使用,用以表达思想、普及知识和积累文化,并可复制发行的大众传播媒体。主要媒介形态包括只读光盘(CD-ROM)、交互式光盘(CD-I)、高密度光盘(DVD-ROM)等,这种格式一般都包含有视频内容,是广大农民读者最喜闻乐见的[5]。

(2)自己制作的,具有自身特点或资源优势的内容

针对自身馆藏的特有资源,比如现在馆藏的各种珍本、独本、古本藏书,通过一定的生产流程,生成便于保存、易于查询、方便浏览、可以轻松共享的数字图书。

(3)可以从网上下载后离线浏览的各种类型的数字化资源

这类读物资源比较丰富,涉及的领域也非常广泛,包括天文、地理、人物、理化、历史等多方面,其中不乏很多农民读者非常感兴趣的内容。由于网络上致力于制作发布类似这类资源的作者相当多,所以这类资源的丰富程度超乎想象,但同时由于制作人水平参差不齐,所以最终还需要根据资源质量进行甄别选择。

(4)不能从网上直接下载离线浏览,只能通过在线方式进行浏览的资源

这类资源一般分为两种:①需要通过程序检索从数据库提取的资源。这些资源并非简单地以文件的形式存放在服务器上,而是以数据库的形式存储在服务器中,读者根据自己需要查询的内容选择对应的词组或者句子作为关键字,通过终端发出检索命令,服务器收到检索命令后,调用数据库引擎搜索相关资料,并将检索结果反馈给终端用户。②具有很强时效性的资源。这类资源多以新闻报道、背景调查等为主,具有很强的时效性,所以一般都只能在线浏览而无法下载。

通过上面的资源分类,我们可以发现,农家书屋数字化进程与网络化是密不可分的,很大一部分资源的形成及建设都离不开网络环境的支持。除此之外,网络还给我们提供了资源共享的好途径,可以与其他图书馆、相关机构及时进行意见交流、消息传递以及协作。可

见,在农村数字化图书馆体系中,与网络的实时互联是必需的。但是,众所周知,网络上的东西良莠不齐,特别是针对农民这样一个特殊的群体,采取必要的措施,让他们避免受到不良信息的毒害是非常重要的。经过考虑,笔者认为新型的数字化农家书屋计算机网络应该基于这样一个网络拓扑结构来实现(如下图所示)。

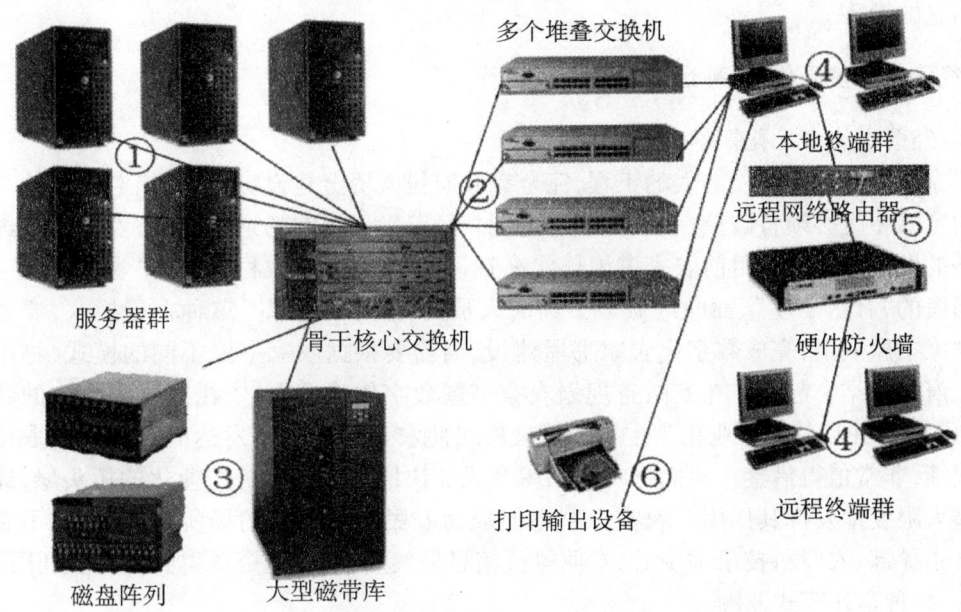

数字化图书馆网络拓扑示意图

4.2 农家书屋网络化实现(网络拓扑结构)

针对上面的拓扑图,对其中几部分加以说明:

(1)服务器群

服务器群负责提供农家书屋各项服务。对这些服务器,将采取各司其职的分配方式,分别提供独立的或者相同类型的服务,如视频、音频播放、电子书浏览、数据库检索、数字资源存储等。同时,采取多种冗余方案,确保单独一台或几台服务器的故障不对整个农家书屋服务体系造成严重影响。

(2)骨干交换机和堆叠交换机

首先,负责将数字化农家书屋的服务器资源与用户终端进行物理连接。其次,主要负责将网络流量进行分配,安排数据的传输途径和传输量,确保最大的工作效率。

(3)磁盘阵列及大型磁带库

磁盘阵列及大型磁带库负责对数字图书馆的数据(主要是服务器群上的数字资源)进行存储备份。对近线数据资源(需长期快速浏览和使用的资源)存放于速度快的磁盘阵列上,对远线数据资源(使用频率不高或属于归档保存的资源)采用相对速度慢一些的磁带库进行存储。

(4)本地终端群和远程终端群

本地终端和远程终端群是读者进行数字阅读和浏览的工具。本地终端为读者提供视频、音频欣赏、电子资源浏览等服务。远程终端通过远程网络访问本地数字图书馆服务器,检索后可获取自己所需要的资源。

（5）远程网络路由器

远程网络路由器用于和远程网络进行连接，传输发出的指令和回传检索的结果。硬件防火墙通过定义规则和关键词过滤进行分析，对通过的信息进行过滤处理，使农民读者免受不良信息的毒害。

4.3　经营主体多元化、多种运作模式兼顾运行

4.3.1　经营主体多元化探索

农家书屋是一项规模浩大的工程，完全靠政府投入资金建设、运营是绝对不够的[6]。要搞活农家书屋就必须打破单一经营模式，走创新经营发展机制的道路，突破农家书屋纯公益性服务的发展道路。从目前农家书屋现状来看，一般分为面向农村农民的"农家书屋"、面向城镇居民的"社区书屋"、面向进城务工经商人员的"新市民书屋"三种书屋模式，要想全面提升农家书屋质量，完成数字化农家书屋建设，尚需要根据农家书屋不同的模式，将市场机制和政府行为结合起来。在安徽省规划农家书屋数字化建设中，依托民营和个体的数量就占50％以上，并且其以产业化为主导的管理模式使农业经济并不发达的农业大省取得了很好的成绩，非常值得借鉴。他们把农家书屋变成加快地方农业经济产业化的桥头堡，让农家书屋最大限度地发挥其作用。农家书屋不但成为农民文化阅读的场所，而且也成了农业科技综合指导部、农业科技培训中心、农业科技信息采集点，使书屋资源得到了充分利用。

4.3.2　多种运作模式兼顾

农家书屋数字化建设主要有三种运作模式，根据地区经济发展可以兼顾运行。第一，利用数字图书馆平台延伸服务，为农民提供系统的个性化知识。如数字农家书屋可与行政村、省市数字图书馆、共享工程、远程教育的电脑设备连接，建立小型电子阅览室，可利用这种模式为农民提供针对性的服务。第二，运用卫星数字技术和电视阅读手段，建立卫星数字农家书屋。这种手段适合农民读者知识水平低、信息获取渠道习惯性、资源简易快速获取等特点，有效解决了资源内容单一、运输不方便、文献借阅困难等问题。第三，将现有资源内容数字化处理，借助移动终端产品实现移动阅读。手机阅读、平板电脑、MID 等可解决携带方便、无线运输、移动阅读等问题。特别值得一提的是手机阅读，目前手机书、手机报、手机电视已经成为农民读者在田间地头热衷的阅读方式。天津市西青区开通的"科技通""党政通"短信服务，以短信方式及时向农业大户发送政策要领、农业科技指导、畜牧养殖经验、病虫害防治等内容得到了农民的喜爱。

4.4　完善管理，提高数字农家书屋服务水平

4.4.1　加强宣传，培养农民阅读兴趣，提高农家书屋的利用率

要提高农家书屋的利用率，大力宣传是必不可少的环节。农家书屋和产品一样，要做广告、打响品牌，让农民读者把农家书屋当作生活的必需品，一旦进入数字农家书屋，利用数字农家书屋，便深深地爱上它。宣传引导可以利用广播、电视打广告、报纸通知、在行政村群众汇集地挂条幅等方式进行宣传。同时，开展各种活动培养读者阅读习惯，激发阅读兴趣。如定期送书下乡、开展流动书车到田间地头送文化活动、书香惠万家读书演讲活动、知识竞赛、有奖征文活动等，通过这类活动吸引农民读者到书屋来，积极参与阅读、交流、激发他们的兴趣，从

而建立阅读习惯。当然,由于农民文化水平的限制,会制约阅读习惯的养成,但是,只要有良好的开端,一定会逐步形成阅读习惯,这必将为数字农家书屋的长效发展奠定坚实的基础。

4.4.2　健全考核机制,细化考核指标

农家书屋要持续良性发展下去,必须要进一步完善评价与考核机制。通过笔者调查,目前农家书屋的考核总体上主要局限于书屋数量、书屋面积、出版物类型、数量等硬件考核,考核指标尚需要细化。首先,读者满意度调查指标、藏书利用率指标都应该列入重点考核之列。比如,可以明确责任主体,以评星级农家书屋,或者排名方式,以奖促管,调动各书屋管理积极性,在争上游的基础上,树立优秀的农家书屋参照物,促进农家书屋健康有序的发展。

4.4.3　加强人才队伍建设

管理员队伍是抓好、用好、管好数字农家书屋的关键。目前,农家书屋管理人员大多为兼职人员,业务能力不高、综合素质较差,而且由于担任其他工作,不能保证农家书屋的开放时间。这样的农家书屋管理员已经不能满足数字农家书屋发展的需要。为了确保数字农家书屋充分发挥其社会功能,必须对农家书屋管理员进行图书情报专业、数字化、网络化培训。可以通过观摩、聘请专业指导老师实地讲解、定期参加专业知识讲座等方式使其成为既掌握图书情报专业知识,又具有网络技术的高素质复合型人才。下大力度培养图书专业理论知识人才,培养懂得网络安全控制及技术管理、资源搜索能力、自建数据库能力、计算机维护操作的新型农家书屋管理员,将成为农家书屋数字化、网络化发展不可或缺的环节。

5　结语

数字化建设是农家书屋可持续发展的重要举措,是促进基本公共文化服务标准化、均等化的重要途径。因此,在"互联网＋"背景下,加强对农家书屋数字化建设,必将为实现农村、城市社区公共文化资源整合和互联互通,促进城乡文化均衡发展做出不可磨灭的贡献。

参考文献

[1] 颜维琦,曹继军.让图书馆变"聪明"[N].光明日报,2015－03－08(10).

[2] 王佳欣.陕西省新闻出版局与直播星公司签署战略合作协议[N].中国新闻出版报,2010－02－11(4).

[3] 郑霄阳.农家书屋工程的可持续发展[EB/OL].http://www.pep.com.cn/cbck/201011x/20110110-1013913.htm.

[4] 张国良.传播学原理[M].上海:复旦大学出版社,2005.

[5] 董薇菁.数字时代,图书馆更是诺亚方舟[N].文汇报,2015－02－11(10).

[6] 柳斌杰.中国政府网专访谈农家书屋[EB/OL].http://www.gov.cn/zxft/ft10/.

"互联网+"视域下的数字图书馆宣传推广新议

——社交媒体信度传播及社会化营销手法的思考与实践

王植宁　兰艳花(福建省图书馆)

2015年6月eMarketer网站公布的数据显示,2011年至2015年中国成年人每天花费在媒体上的时长逐渐增加,2015年达到6小时08分。其中,花费在数字媒体上的时间为3小时05分,传统电视媒体2小时40分,印刷和广播媒体不到23分钟[1]。由此可见,数字媒体已一举超过传统媒体,成为中国成年人最为关注的平台。图书馆作为公益性的文化休闲场所,自20世纪90年代起,就尝试运用营销策略来突出自身优势。数字媒体的出现不但为图书馆营销提供了新的推广平台,其背后错综复杂的网络环境也对推广技巧与信息把控方式提出了更高要求。

尽管一直以来,图书馆都在推出各色阅读活动与数字化服务,不遗余力地进行品牌推广,然而效果却不太理想。《2014年国民经济和社会发展统计公报》指出,全国共有公共图书馆3110个,总流通52 252万人次[2]。但部分图书馆在知晓度和使用率上却不尽如人意。2013年,国家公共文化服务体系示范区评估验收首次委托第三方开展群众满意度调查,结果显示:群众对文化场馆的知晓度和使用率不高,有1/4的居民不知道社区周边公共文化场馆(各级图书馆、文化馆站和社区文化活动室)的位置,在一年内也从未使用过这些场馆[3]。在眼球经济横行的互联网时代,图书馆逐渐向数字化转型,人们已经可以足不出户,通过互联网媒体获取图书馆提供的数字服务。然而大众对于数字资源与服务的不了解、获取方式与途径的不明晰,导致图书馆投入大量资金及人力、物力建设的数字资源在使用率上长期偏低,数字化进程缓慢。为此,新时期的图书馆在不断提升服务质量、丰富服务内容的同时,有必要迎合大众的媒体使用习惯,利用数字媒体进行数字图书馆的技术创新和服务推广。

1　时不我待:移动浪潮催化社交媒体成为图书馆数字革命的重要宣传阵地

媒介环境学的代表人物麦克卢汉曾提出"媒介即讯息"的观点,他认为相对于传播内容而言,媒介本身的存在改变了人类认知世界、感受世界和以行为影响世界的方式,它才是真正有意义的、有价值的讯息。尽管他的观点带有一定片面性,但不难看出媒介的发展对于社会变革的推进具有不可忽视的作用。近年来,随着互联网技术由以SNS、微博、微信为代表的基于社交的Web2.0时代,向以移动技术为核心的Web3.0时代迈进,移动平台的出现使得社交行为与信息的发布、获取打破了原有时空的限制,变得可以随时随地进行。数字图书馆开发和应用以移动技术为依托的社交媒体平台,不但提高了用户利用社交平台获取数字资源与服务的便捷性,其本身也传递着图书馆向数字化转型的讯息。

　　《全国公共图书馆微博(微信)监测月报》数据显示,截至 2015 年 3 月,全国共有 48 家省市公共图书馆开设微博账号,51 家开通微信公众号,其中国家图书馆、上海图书馆、深圳图书馆微博粉丝超过 10 万,信息互动率也不可小觑。图书馆正逐渐认识到社交媒体的重要价值,在这方面的佼佼者如上海图书馆基于微信平台,开通了微信图书查询、借阅、续借功能,国家图书馆利用微信推广在线讲座、听书与学术检索服务。尽管今日社交媒体已经较为发达,但在移动媒体浪潮冲击下,在新工具、新思想、新任务的冲击下,数字图书馆逆水行舟、不进则退。把握住社交媒体这个重要宣传阵地,将图书馆的基础业务与之结合,并根据社交媒体的不同特点,创新与推广数字化服务,是图书馆在新时期所面临的挑战。

2　投石问路:国外数字图书馆的社交媒体宣传策略与营销探索

　　社交媒体以其高参与性、公开性和便捷的交流性成为图书馆对外进行品牌宣传的重要渠道,而其所具有的开放性和环境的复杂性,使得图书馆也面临信息安全、网络暴力攻击等风险。国外图书馆先行先试,在利用社交媒体进行数字图书馆品牌推广上积累了大量经验、教训与推广个案。较之国内图书馆的社交媒体宣传方法,笔者认为其值得借鉴之处主要有二:

2.1　人人都是发声筒:制定社交媒体政策,有效规范图书馆人社交媒体使用与信息推广行为

　　社交媒体的出现,改变了大众被动接收信息的局面。利用社交媒体人人都可以是发声筒、信息源。但也正是这种特性,削弱了图书馆对于信息的把控,不利于民众对图书馆形成统一的品牌认知。澳大利亚国家图书馆可谓是近年来将社交媒体功能发挥得炉火纯青的图书馆之一。其充分利用 Twitter、YouTube、Facebook 等社交媒体来营销图书馆,并成为最早制定《社交媒体政策》的国家图书馆[4]。澳大利亚国家图书馆的《社交媒体政策》对个人及官方团队利用社交媒体进行图书馆宣传与营销的目的、范围、控制与风险做了具体规范。这种规范的制定不仅能对图书馆宣传信息发布及图书馆人社交媒体使用行为进行规范与指导,一定程度上对社交媒体使用中存在的作品版权与信息泄露风险进行规避,同时也对图书馆数字化品牌形象塑造、保持官方与个人信息一致性具有积极意义。

2.2　提升至战略层面:数字图书馆利用社交媒体宣传不是锦上添花而是不可或缺

　　一份来自悉尼图书馆馆员的问卷调查结果显示:70.6% 的回复者认为将社会化媒体纳入图书馆战略规划是重要的,绝大多数的回复者说他们目前在做图书馆相关的社会化媒体工作,没有被正式写入其工作职责中,尽管如此,仍有 84% 的人认为这项工作应该做[5]。可见,图书馆员已经明确认识到社会化媒体对于图书馆发展的重要意义。社交媒体作为社会化媒体的有机组成部分,自然也需给予足够重视。意识决定上层建筑,澳大利亚国家图书馆已经把社会化媒体的运营上升到图书馆发展战略层面。其在 2013—2014 年的社会化媒体战略中就对图书馆应用社会化媒体的目标、评估、管理方法及工作流程做了详细的规定[6]。相较于国内图书馆的社交媒体信息发布工作普遍呈现出一两个工作人员利用业余时间进行信息整理和发布,国外图书馆对于社会化媒体的重视程度可见一斑。

3 借势而上:基于社交媒体信度与互动营销方法的数字图书馆宣传之法

在 2012 年年初国际图联发布的大都会图书馆委员会对 25 个国家的 59 个城市图书馆做的调研报告显示,有 3/4 的图书馆都在利用社交网络提供对外服务[7]。国内的图书馆也在学习与借鉴国外图书馆社交媒体使用经验的基础上不断创新与实践。第十二届全国人民代表大会第三次会议上,李克强总理在《政府工作报告》中提到 2015 年要制订"互联网"行动计划,其意味着互联网建设已经成为国家发展计划中的重要战略。在国家倡导与支持下,数字图书馆发展也应重视社交媒体平台开发与建设,打造"互联网＋"图书馆的新格局。尽管社交媒体对于图书馆人来说已不再是陌生的、吓人的"洪水猛兽",但社交媒体发展中不断融入的新技术、新应用也迫使图书馆人不断思考与改进数字图书馆的宣传方法。笔者认为在此环境下,对于社交媒体传播中的信度问题、社会营销手法的创新、信息传播风险的把控、媒体通衢的构建都应成为需要重新思考与实践的方向。

3.1 提高认知＋需求满足:社交媒体的信度传播,为数字图书馆搭建口碑传播新平台

数字图书馆是近年来图书馆转型的新方向,其不但将馆藏资源数字化,也将服务搬上"网"端。在数字图书馆建设与发展中,用户可以通过多元化媒体获取图书馆的数字资源,远程享受图书馆所提供的服务。但笔者在实际工作中发现,大部分读者依然对图书馆数字资源的使用与获取方式并不了解。每天,笔者所在的图书馆微博、微信及 QQ 群平台都能收到读者关于手机图书馆使用、电子文献获取及电子书籍下载、网络图书续借手续等图书馆数字化服务的咨询。因此,在互联网普及带来"信息大爆炸"的背景下,数字图书馆"酒香也怕巷子深",其推广的首要目的在于普及民众对于数字图书馆的认知。

关于数字图书馆服务的问询来自于社交媒体,但图书馆通过社交媒体反复推送的数字图书馆内容及其使用方法却没引起读者关注,从这点上来看,一方面是由于社交媒体上传播的这些信息到达率低,另一方面是由读者自身需求决定的。

社交媒体的不断发展,使得人们将常年集中于大众传播发展与实践的目光向分众传播、窄众传播转移。有人说以微博、微信为代表的社交媒体是面向大众的传播,但其实它是分众的。图书馆经由微博、微信平台发布的信息到达率有限,仅仅是那些关注了这些微博、微信公众账号的群体才会收悉,其影响面的扩大需要凭借这些群体对于信息的二次传播,就微博、微信而言就是需要"转发"。纵观已开通微博服务的图书馆官方账号,其所推送的单条信息普遍转发量不高,即使是粉丝数接近 20 万人的国家图书馆,许多微博的转发量也不足 10 次。笔者认为,此时应发挥社交媒体中意见领袖的作用,通过意见领袖在群体中建立的口碑及信赖度,进行信息转播,扩大图书馆信息传播的到达率及其影响。在传播学中,活跃在人际传播网络中,经常为他人提供信息、观点或建议并对他人施加个人影响的任务,称为意见领袖[8]。这类人在他的群体中享有一定威望,通过他们进行信息推广,传播成本低、简单易行且可信度高,也易于形成口碑效应。对于数字图书馆推广来说可以借助阅读名人、阅读推广大使、粉丝数较多的公众账号对图书馆发出的数字图书馆信息进行转发,提高民众对于数字图书馆的认知。不过,图书馆也要注意对这些意见领袖的传播行为进行把关,避免其在转

发或评论信息过程中,由于信息误读或理解不准确,导致其受众对信息一知半解,不明所以的现象的出现。

影响社交媒体发布信息到达率的另一个方面在于读者需求。大多数情况下,读者并不会特地关注图书馆,并积极阅读图书馆通过社交媒体等平台所发布的信息,只有当他们需要使用图书馆某项资源或是通过图书馆数字化服务能够更好地完成他们的工作时,才会自发地利用各种媒体平台进行信息搜集与整理。因此,要想针对这类群体进行数字图书馆口碑营销,就需要保证其通过社交媒体能够便捷地获得数字资源与服务,满足他们的迫切需求。美国学者 E.卡茨曾在他的个人著作《个人对大众传播的使用》中提出了"使用与满足"理论。他将受众的媒介接触行为概括为一个"社会因素＋心理因素—媒介期待—媒介接触—需求满足"的因果连锁过程[9]。在用户的个人需求获得满足后,下次他在遇到相同的情况时,仍然会选择同样的方式进行解决。而且,体验过后他也乐于通过社交平台与他的朋友进行分享,这种基于体验的用户信息发布对于信息接受者来说也具有更高的可信度。

3.2 借力＋新闻事件＋传播:以事件营销为主,借助互动营销增加聚合力

对于社交媒体营销,有两种理解:一种是社交媒体本身对于自我的营销推广,另一种是其他机构利用社交媒体来推广营销自己的产品。图书馆显然属于后者。要在社交媒体上推广数字图书馆,笔者认为应该充分利用新闻思维来实现。数字图书馆要抓住民众所喜闻乐见、所关心的和与民众利益相关的点来宣传,就像做新闻在题材的选择上注重新闻价值的判断和新闻点的挖掘一样。可以采用"借势＋新闻事件＋媒介传播"的模式,借助多样化的营销手法或民众主动传播造势,并依托与数字图书馆相关的新闻事件、知名人士报道,利用图书馆社交媒体平台进行推广传播,通过最具时效性的事件,吸引大众眼球,制造舆论热点。通过借力,不仅有利于打破大众对于图书馆传统灌输式的宣传印象,而且也有助于提升数字图书馆的知名度与美誉度。如 2013 年 7 月,网友"＠hz 阿杜"通过新浪微博发出一条信息,称杭州图书馆佛学分馆"环境不错,有 WIFI"并配上两张曲径通幽、绿树成荫、古色古香的图书馆实景图,引发网友大量关注与转发。经杭州媒体集中报道,杭州图书馆佛学分馆更是被赋予"最美读书地"的美称。杭州图书馆立即通过自身社交媒体平台,抓住"最美读书地"的宣传点进行转发,扩大了社会影响。

同时,在借助社交媒体的营销过程中,还需要运用互动营销的手法增强用户的聚合力。没有互动的传播就像是一个人的孤独狂欢,要想保持用户对于品牌的关注度,适当地运用互动营销手法来进行推广是必要的。福建省图书馆在近年就不断尝试利用微博、微信平台,积极进行互动营销。在社交平台上,他们不但鼓励读者对滞纳金缴纳金额、读者借阅排行榜等话题进行有奖竞猜,还通过微信开展读者调查、读者活动报名,为读者塑造了一个现代化图书馆积极利用社交媒体进行数字服务推广,并重视用户体验与反馈的品牌形象。笔者认为,在后续的数字图书馆推广中,图书馆还可以运用社交媒体,在保证版权的基础上,发布数字图书下载与借阅信息,通过互动竞猜、有奖转发、电子问卷调查等方式普及手机图书馆、网络视频讲座、远程图书数据查询等资源与服务的使用方法。

借助营销手法在社交媒体上对数字图书馆进行推广的好处显而易见,但需要注意的是营销不是哗众取宠,一定要注意营销内容及营销方式的选择,同时保持营销风格的一致性。当营销的受众对营销信息出现误读或是反感的时候,应该及时进行舆论把控。这也对图书

馆从业人员的个人素质与职业素养提出了更高要求。目前许多图书馆都没有设置营销岗,也并非由专职人员进行营销推广,不少馆员在利用社交媒体进行图书馆营销推广与营销手法创新上显得力不从心[10]。

3.3 均衡发展 + 风险把控:打造多元媒体通衢,构建数字图书馆社交媒体信息推广与风险把控模型

现代经济管理学中有个著名的木桶理论,它认为一个木桶装水量的多少不取决于它最长的那块木板,而取决于它最短的那块木板[11]。在数字图书馆宣传推广过程中,图书馆当然不能用一只脚走路,而需要有效利用多元媒体进行数字资源与服务推广。在推广过程中,由于渠道的不同、信息发布与运营者的不同、受众对象的不同,可能出现多种渠道传播出的信息不一致的情况,不利于图书馆品牌整体形象的塑造。同时多元渠道的运营也在一定程度上加大了运营风险。信息发布中,一言不慎就可能招致舆论攻击甚至引发网络暴力。因此,在数字图书馆运用多媒体宣传推广过程中,建立风险把控模型并配备相应把关人员有利于减小风险,保证信息传播的一致性与安全性。

笔者认为,图书馆可以建立以中央监管组为中心的数字图书馆社交媒体(乃至多元媒体)推广风险把控模型(见下图)。在中央监管组下分设信息发布组、渠道开发组、外联推广组、舆论监测与反馈组、互动咨询组和危机处理组。由中央监管组制定图书馆媒体宣传总体策略、制定媒体使用规范并对各小组行为进行监督。各小组根据自身职能分别承担信息发布、舆论把关、危机处理、互动答疑等工作任务,以此发挥专人专项及团队作战优势,互相配合、互相监督,有效降低图书馆下各对外信息发布平台(含社交媒体)各自为政导致的信息风险。同时,需要注意的一点是,这里中央监管组所把控的不仅仅是具有官方属性的图书馆信息发布媒体平台,馆员所使用自媒体发布的关于图书馆的相关信息也应该纳入统一把控范畴。

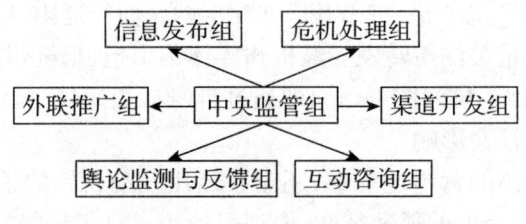

数字图书馆多元媒体推广风险把控模型图

4 结语

在互联网时代,利用多元媒体进行数字图书馆宣传已经成为各个图书馆对外推广的重要课题。它不但有助于提升读者对于图书馆数字资源与服务的认知,还有利于塑造图书馆现代化、数字化的品牌形象。但需要注意的是,在关注与利用多元媒体,特别是社交媒体进行数字图书馆推广的同时,加强媒体技术开发、专业人员培养、提升数字图书馆的馆藏资源、服务质量和文化内涵才是赢得读者的重要途径。

参考文献

[1] 沈浩卿.2015 年中国社交媒体:核心用户数据分析[EB/OL].http://mp.weixin.qq.com/s?__biz= MjM5Nzk3MTYxMg= =&mid=208521640&idx=5&sn=d2f77ca3754aca918139e1ac73635675#rd.

[2] 国家统计局网站.2014 年国民经济和社会发展统计公报[R/OL].http://www.stats.gov.cn/tjsj/zxfb/ 201502/t20150226_685799.html.

[3] 张贺.聚焦全民阅读:阅读是一项公民权利 政府当比个人"上心"[N/OL].人民日报,2015-04-09 (17).http://culture.people.com.cn/n/2015/0409/c87423-26817708.html.

[4] 李金波.国外图书馆社交媒体政策及其启示[J].图书与情报,2014(4):1—5.

[5] Choic.Is your library ready for social media librarian[EB/OL].http://conferences.alia.org.au/alia2012/Pa-pers/18-Crystall.Choi.pdf.

[6] 卢振波,李晓东,程彦霞.国外图书馆社会化媒体营销的案例研究及其启示[J].大学图书馆学报,2014 (4):76—82.

[7] 新常态新指标新方向——吴建中馆长在 2012 中国图书馆年会上的讲演[N].文汇报,2013-01-07 (00D).

[8] 郭庆光.传播学教程[M].北京:中国人民大学出版社,1999:209—210.

[9] 赵志立.网络传播条件下的"使用与满足"——一种新的受众观[J].当代传播,2003(1):58—59.

[10] 徐双.图书馆营销创新问题及其路径分析[J].图书馆工作与研究,2012(4):52—55.

[11] 唐开,王纪坤.基于新木桶理论的数字图书馆网络安全策略研究[J].现代情报,2009(7):89—91.

"互联网＋"图书馆的思考

陈　顺(福建省图书馆)

2015 年国务院《政府工作报告》中指出:"要制定'互联网＋'行动计划,推动移动互联网、云计算、大数据、物联网等与现代制造业结合。"[1]其中提出了一个重要的国家战略概念,即"互联网＋"行动计划。这个概念表明了互联网信息技术在社会实践中的重要功能特征和人们实践方式互联网化的重要趋势。

"互联网＋"的本质特点是传统产业在线化、数据化,是一种对资源优化整合的思维模式。"互联网＋"理念的提出者之一马化腾认为:"互联网加一个传统行业,意味着什么呢?其实是代表了一种能力,或者是一种外在资源和环境,对这个行业的一种提升。"[2]

"互联网＋"图书馆思维是将互联网的创新成果与图书馆行业进行深度融合,推动技术进步、效率提升和组织变革,提升图书馆的创新力和服务力,形成行业发展的新形态。那么,"互联网＋"图书馆究竟要怎样融合?融合后对图书馆会带来什么样的变革呢?

1　"互联网＋"图书馆的跨界融合

"互联网＋"图书馆思维作为一个新生的概念,目前尚无权威定义。笔者认为"互联网＋"图书馆并非两者简单相加,而是让现代信息技术、互联网金融、电商物流、快递行业和自媒体与图书馆的建设和服务进行深度融合,激发图书馆在"互联网＋"思维下的活力,改造传统依靠人力为主的运作模式,创造新的图书馆行业发展生态,促使传统图书馆向全媒体复合型图书馆转型升级。它的精神实质是图书馆业务基于跨界融合下的创新与变革,实现群体智能,为社会大众提供高效便捷的智慧服务。

1.1　与现代信息技术的融合

我国图书馆信息化管理始于 20 世纪 80 年代,最初引进的是图书馆基础业务管理系统,之后各类业务管理、电子资源服务、自助服务、智能移动终端、云计算和大数据分析等系统或平台逐步上线。然而图书馆各系统间却相对较为孤立和封闭,数据的挖掘与应用尚处于简单统计分析,形成数据报告的初级阶段;云计算平台并行处理海量数据的功效尚未充分发挥;移动终端的智能化应用仍远远不够。

"互联网＋"图书馆的思维模式要实现与现代信息技术的深度融合这一目标,需整合图书馆的各个业务系统,打通图书馆的服务渠道,推进云计算、大数据、移动互联网、物联网、智能化等高新技术的应用,加深大数据背后的人工智能核心技术与神经计算、深度学习和语义计算等相关技术的结合,提升计算系统对图书馆馆藏资源、书目数据、读者信息数据、服务数据的理解、分析、推理和发现能力,推动图书馆朝着精确化决策、智慧化建设和高效便捷化服务方向发展。

1.2　与互联网金融的融合

互联网金融是指以依托于支付、云计算、社交网络以及搜索引擎等互联网工具,实现资金融通、支付和信息中介等业务的一种新兴金融。互联网第三方支付算是互联网金融的小微,是指非银行机构采用与各大银行签约的方式,在用户与银行支付结算系统间建立连接的电子支付模式,如网银支付、支付宝、财付通、微信支付等。第三方支付具有互联化、移动化、成本优势、快捷和便利的特点,近年来越来越多的传统行业介入互联网领域,不可避免要与第三方支付行业结合[3]。"互联网＋"图书馆也不例外。

图书馆实行免费开发后,取消了基本公共文化服务项目的收费。对于办证押金、读者代查资料、复印资料、停车、读者违规处理等非基本服务,图书馆仍有收费需求,而这种收费仍普遍采用传统手工现金收费模式,第三方支付在图书馆的出现将为读者提供一种更便利快捷的小额支付方式,这将减少工作人员同银行间的结算次数,激活图书馆结算这项传统业务,同时也提高了工作效率。然而,互联网金融在图书馆的作用还远不仅如此。第三方支付将搭起图书馆与互联网金融企业合作的桥梁,推动图书馆的 O2O(Online to offline)线上和线下电子商务模式的发展。浙江省图书馆开启了有益的探索。2015 年 6 月,浙江省图书馆与浙江蚂蚁小微金融服务集团有限公司签订战略合作框架协议,共同推动云计算大数据、智慧服务和互联网应用,首期合作包括在支付宝钱包开通图书馆书目和活动信息查询、续借预约办理、在线办证和支付等服务。后续还将推出借还书、活动预约、智能图小二、数字阅读等一系列便民服务。通过与蚂蚁金服的合作,浙江图书馆将依托蚂蚁集团及其关联方阿里巴巴集团以互联网为核心的立体化产业和云计算核心自主技术优势,打造集借阅、活动、消费为一体的数字化平台[4]。

这种与互联金融融合的有益探索实行了互联网技术平台与公共文化服务行业的对接,促进图书馆创新驱动发展和服务转型升级。

1.3　与电商物流和快递行业的融合

在移动互联网中,最大的机会在 O2O,而 O2O 电子商务的最大痛点在物流。这个痛点也影响到图书馆对分馆、服务点和自助设备的图书配送,同时高昂的物流成本也影响图书馆开展在线图书借还书服务。近年来,受电子商务高速发展的拉动的影响,传统物流业的运作方式和效率水平迅速改变,互联网电商物流呈现出了全新的面貌,成本也随着物流行业资源的优化配置而有所降低。图书馆与电商物流和快递行业的融合成为可能,这一融合能主动激发图书馆运用"互联网＋"思维和技术,优化图书馆的图书配送渠道,激活图书馆开发基于 O2O 的新产品和新服务,吸引读者参与图书馆个人网上图书借阅、预约、文献送递等服务。

2014 年 9 月,苏州图书馆借助信息技术打造新型的 O2O 图书馆模式,开通了"网上借阅、社区投递"服务。市民可根据个人需求在苏州图书馆设立的 62 家分馆和 6 座自助图书馆中选择就近的投递点,在取书箱内拿到自己想看的书。2015 年 1 至 5 月,苏州 O2O 图书馆模式网借成功取书 83 359 本,网借人数超 16 万人次,获得较好的社会反响[5]。苏州图书馆的 O2O 图书物流主要由中国邮政承担,费用由市财政拨付,每个投递点每天费用 20 元。与互联网、电商物流和快递行业的融合推动了公共图书馆借阅从被动向主动服务,实现图书馆从"来借书"到"去送书"的重要转变，这种O2O方式无疑给公共文化服务插上了科技的翅膀。

2013年5月28日，阿里巴巴集团、银泰集团联合复星集团、富春集团、顺丰集团、三通一达(申通、圆通、中通、韵达)，以及相关金融机构共同宣布，"中国智能物流骨干网"项目正式启动[6]。其目标是通过5至8年的努力打造一个开放的社会化物流大平台，在全国任意一个地区都可以做到24小时送达的目标。从其公布的收费标准，同城首重1公斤物品的单次快递费用最低是6元。这一单次物流成本比城市街区24小时自助图书馆系统的单次借还的运行成本10.43元要低。24小时内送达时间和6元的快递成本对图书馆来说，可以开展网上图书馆借阅尝试。

笔者于近期开展了一次关于在线借还书的读者问卷调查，反馈数据表明，有95%以上的读者对图书馆在福建省福州市区三环内开展网上图书借阅服务表示欢迎，读者在快递费支付的最高承受力方面，选择5—10元的读者有63%，选择10—15元24%，13%的读者表示完全不能接受快递费用。这些数据无疑让我们看到在"互联网＋"图书馆思维下，开展网上纸质图书借还的前景，图书馆通过政府购买服务，通过与物流和快递行业的融合，完善图书配送网点，是一种有效解决图书点对点和点对用户配送"最后一公里"问题的新方式。图书馆与电商物流和快递行业的融合，能激活图书馆的传统业务，使之互联化、移动化、融合化发展，既增加了图书馆公共服务的有效供给，又方便了读者。

1.4 与自媒体的融合

自媒体又称"公民媒体"或"个人媒体"，有别于由专业媒体机构主导的信息传播，它是由普通大众主导的信息传播活动，由传统的"点到面"的传播，转化为"点到点"的一种对等的传播概念[7]。自媒体包括博客、微博、微信、百度官方贴吧和论坛等。

在自媒体时代，图书馆与自媒体相融合能衍生出极具生命力的图书馆服务模式，能够迅速增加图书馆资源的点击量和读者量。微博和微信自媒体功能迅速地拓展了图书馆的服务内容和空间，从推送开始动态信息发布、阅读推广、用户教育、品牌宣传和读者荐书到开展用户调查，这些服务和活动在自媒体上能够得到迅速传播，既扩大图书馆的服务成效，又提高图书馆的社会影响力。在微信公众账号中嵌入手机图书馆APP和微网站，形成手机门户后，读者动动手指就能进行资源检索、图书查询、借阅和个人业务办理，极大地方便了读者。此外，通过自媒体与读者开展双向互动交流，凸显图书馆的亲和力形象，也能促使图书馆在接到读者的反馈意见后，进一步提高图书馆的服务水平，增加读者对图书馆的满意度。与自媒体融合创新服务方式，对"互联网＋"图书馆的益处是不言而喻的。

2 "互联网＋"图书馆的思维给图书馆带来的变革

国务院在《政府工作报告》中提出"互联网＋"的思维后，后互联网时代已全面开启，"互联网＋"推动着各行各业发生着一场场"化学反应"。拥抱后互联网时代，建设高效、便捷、智慧服务的图书馆，不仅仅需要技术升级、平台升级，更需要在"互联网＋"实践思维下的管理理念和服务理念的转型升级。

2.1　管理理念的转型升级

　　"互联网＋"图书馆通过与高新技术的深度融合,将互联网作为图书馆要素共享的重要平台,营造开放包容的服务环境,实体范围不断延伸,虚拟空间不断扩大。这将促使图书馆在"互联网＋"的思维下出现新的产品、新的业态、新的经营模式、新的组织结构等,图书馆泛在化的管理也由此应运而生。

　　泛在概念的引入源于 20 世纪 90 年代,由美国加州施乐(Xerox)公司 Palo Alto 研究中心首席科学家 Mark Weiser 博士在 1991 年提出。它被用于形容网络无所不在地为人们提供各种服务[8]。泛在图书馆的管理内容除了传统图书馆的人力、文献、资金、物质资源外,还包括互联网信息流、数据流、媒体集群、社群、渠道、用户、互动、分享、24 小时服务等,这意味着图书馆馆员要树立"互联网＋"的创新性思维,要善于以新的思维要求和方式去打破传统管理理念的束缚,通过计划和决策、组织、领导、控制、协调等一系列过程,来有效地达成线上和线下图书馆管理的目标,主动迎接未来泛在图书馆管理的挑战,形成图书馆管理的新机制、新模式和新方式。

2.2　服务提质增效转型升级

　　"互联网＋"图书馆无论怎么发展,其最核心的本质都应该是方便人们的阅读。高效便捷、智慧服务和服务无处不再是"互联网＋"图书馆模式的主要特征。图书馆要在互联网时代为用户提供无所不在的服务,获得读者的口碑和满意率,不仅要设立全新的服务型门户网站,深度地利用 QQ 群组、微博和微信公众号等社交媒体与读者实时互动,还要借鉴互联网营销的相关理念,建立标准化服务体系和评价机制,以此不断优化图书馆的资源配置和服务。

3　"互联网＋"图书馆对全民阅读的促进作用

　　"互联网＋"图书馆给全民阅读带来了一片广阔的天空,图书馆多维的阅读推广服务将引领更多的人步入阅读的世界,加快知识在全社会普及。线上与线下图书馆能实现最大范围的群体覆盖和内容供给,快速满足不同群体对纸质文献和数字资源阅读的需求,为促进全民阅读助力。

　　(1)"互联网＋"图书馆加快知识普及。对于全民阅读而言,贵在知识价值的传递,也就是说知识传递和普及才是全民阅读的最终归宿。而"互联网＋"图书馆的精神也在于此,通过"互联网＋"人们能够感受到互联网的无穷魅力。以往知识的传递需要通过纸质形式传阅,不但方式单一,而且服务效率也无法提升。图书馆开展线上和线下的服务,能够促进纸质和数字文献的快速传递,实现与阅读的无缝链接。

　　(2)"互联网＋"图书馆助力全民阅读。"图书馆是一个生长着的有机体。作为一种机构的图书馆就是一个生长着的有机体,图书馆正是由藏书、读者和馆员三个生长着的有机部分构成的结合体"[9]。这是图书馆著名的第五定律,从 1931 年起至今仍享誉世界。在今天的"互联网＋"时代,这个有机体的"藏书"在生长中汲取了数字气息,造就了数字阅读这种新方式。然而,纸质阅读仍有其沉醉墨香的迷恋者,数字阅读也有其如影随形的追随者,谁也取代不了谁,谁也无法完全代替谁。"互联网+"图书馆这种线上和线下,纸质和数字阅读并存的模式能不断吸引越来越多的读者加入到阅读的队伍,对全民阅读的促进作用是显而易见的。

"互联网+"图书馆的思维如今正在引领图书馆去创造新的发展生态,它面临的也不仅是跨界深度融合、管理理念和服务理念转型升级的问题,其中还有诸多的难题有待更多的专家与学者去探索和破解。

参考文献

[1] 李克强. 政府工作报告(全文)[EB/OL]. http://www. gov. cn/guowuyuan/2015-03/16/content_2835101. htm.

[2] 白雪,彭博. 互联网+怎么"加"[EB/OL]. http://zqb. cyol. com/html/2015-03/08/nw. D110000zgqnb_20150308_1-T02. htm.

[3] 涂明辉. 互联网金融——移动支付[J]. 法制与社会,2014(7):99—102.

[4] 浙江省文化厅. 浙江图书馆"互联网+"服务入驻支付宝钱包[EB/OL]. http://www. zjwh. gov. cn/dtxx/zjwh/2015-06-30/187422. htm.

[5] 中国新闻网. 苏州图书馆正式启用24小时自助 打造O2O模式[EB/OL]. http://www. chinanews. com/cul/2014/09-15/6593122. shtml.

[6] 搜狐. 阿里巴巴牵头建菜鸟网络 网购包裹有望1日送达[EB/OL]. http://roll. sohu. com/20130530/n377536537. shtml.

[7] 程超,仲多. 基于自媒体的企业营销研究[J]. 时代金融,2013(4):278—279,285.

[8] 黎晓. 图书馆泛在服务模式初探——以移动图书馆为例[J]. 科技创新导报,2013(2):212—213.

[9] 徐跃权. 论图书馆本质的哲学解构与建构[J]. 中国图书馆学报,2010(9):23—33.

互联网思维下数字图书馆的新实践

——苏州工业园区"书香园区(网上借阅O2O)"平台建设

章 凡 郁嘉锋(苏州工业园区独墅湖图书馆)

1 引言

党的十八届三中全会通过的《中共中央关于全面深化改革若干重大问题的决定》提出了"建立公共文化服务体系,建设协调机制,统筹服务设施,网络建设,促进基本公共文化服务标准化、均等化,推动文化惠民项目与群众文化需求有效对接"的要求。《中办、国办印发〈关于加快构建现代公共文化服务体系的意见〉》强调要"提升公共文化服务效能……开展'菜单式'、'订单式'服务"。李克强总理在2015年的《政府工作报告》中推出了"互联网+"的概念,要求制订"互联网+"行动计划。

目前,移动互联网的迅猛发展已经对现有模式下的数字图书馆提出新的挑战和要求,手机APP以其便捷、迅速、可个性化定制推送等特点在信息服务和知识传播领域得到了广泛应用,数字图书馆如何在移动互联网时代占有一席之地,如何顺应新一轮信息时代的发展,拓展服务功能,满足读者移动、高速的阅读需求是目前图书馆工作者需要认真思考的问题。

苏州工业园区独墅湖图书馆根据苏州工业园区实际阅读环境制订"互联网+"图书馆行动计划,让互联网与图书馆行业进行深度融合,以"连接一切"的心态建设"书香园区(网上借阅O2O)"平台,试图建立一个面向市民免费借书的公益平台(借书系统);一个聚群众智慧,分享和交流的平台(众筹);一个能做到民间藏书资源最大化利用的平台(社区)。

2 苏州工业园区的服务需求

2.1 服务环境

苏州工业园区是中国和新加坡两国的重要合作项目,行政区域面积278平方公里,其中中新合作区80平方公里,下辖4个街道(143个社区),常住人口约78.1万(据2013年年底统计),苏州工业园区连续多年名列"中国城市最具竞争力开发区"排序榜首。

苏州工业园区独墅湖图书馆位于工业园区南部科教创新区内,是工业园区内唯一的一个中心图书馆,建筑面积2.4万平方米。馆藏纸质图书80万余册。

苏州工业园区独墅湖图书馆自2012年起开始在工业园区内大力建设园区总分馆体系,至今已经逐级建立起包括总馆、分馆、社区、企业阅览室、悦读接力车流通点、阅读联盟组织等69个服务点的图书馆借阅体系,园区公共图书馆阅读服务网络已持续完善,"八爪鱼"一般的服务网络将使园区人的阅读拥有更大的延伸空间。

2.2 苏州工业园区的读者需求

2.2.1 方便读者借还书的需求

苏州工业园区独墅湖图书馆位于独墅湖畔,位置较偏,园区又地广人稀,读者来图书馆借还书需要开车,同时读者借还书的流程也会占用一定的时间,所以拉进图书馆与读者的距离和方便读者借还书是图书馆重点要为读者解决的首要问题。

2.2.2 读者与读者之间、读者与图书馆之间交互的需求

读者读了一本好书,却很难找到交流和分享的渠道(除了参与知识交流活动),读者和图书馆、读者和读者之间需要一个C2C(Customer to Customer)的交互社区。

2.2.3 读者个性化服务的需求

针对特定的服务需求(如信息需求、特定图书借阅需求),图书馆也需要有一种特定的服务方式B2C(Business to Customer),以便了解用户需求,主动服务。

2.2.4 众筹工业园区阅读资源、阅读设施的需求

苏州工业园区整体阅读人群素养较高,读书活动参与率高,民间阅读组织发展情况也很好,园区内社区、学校、企业自备的阅览室也比较多,阅读已呈现多元化模式(见下表)。但由于缺少一个能互相学习、交流互动、资源分享的平台,大多阅读组织、阅览室存在着服务和管理水平滞后的情况,阅读资源还不能得到充分利用。利用互联网技术来众筹工业园区阅读资源、阅读设施,让人们公平地、动态地、无缝地获取和使用这些资源,这也是图书馆服务均等化的要求。

苏州工业园区各类阅览室概况表

类型	数量	使用情况
社区阅览室	99个	大多对外开放,藏书多则过万册,少则数百册,但服务专业度、管理水平均不高,日借阅20—30册,日均借阅人数20—30人
企业阅览室	大中型企业大多有独立阅览室,部分产业园也有阅览室	面积藏书较小,且大部分不对公众开放
学校图书馆	每个公办学校都有	受众为学校师生,尚未对外开放
书店/书吧	14个	大多运营情况较好,但个别外,大多规模较小,服务能力有限
读书会组织	12个	大多运行良好,参与人群在数十至数百人不等

3 "书香园区(网上借阅O2O)"平台介绍

书香园区(网上借阅O2O)平台建设项目以苏州工业园区独墅湖图书馆为依托,以RFID技术为基础,运用O2O图书馆模式,综合了物联网、云计算、移动计算、移动通信等新的信息技术。项目统一调配了服务点子系统、用户终端系统、物流配送系统、后台管理系统四个部

分,将市民需要的图书送到身边,"让借书就像下楼取报纸一样简单"。

3.1 "书香园区(网上借阅O2O)"平台实现功能介绍

"书香园区(网上借阅O2O)平台"(见图1)是利用"互联网+"的概念,O2O也被视为最被看好的商业形式,苏州工业园区独墅湖图书馆将以此在工业园区内实行网络化、全天候、多形式、多元化的图书馆服务。平台实现的功能如下:

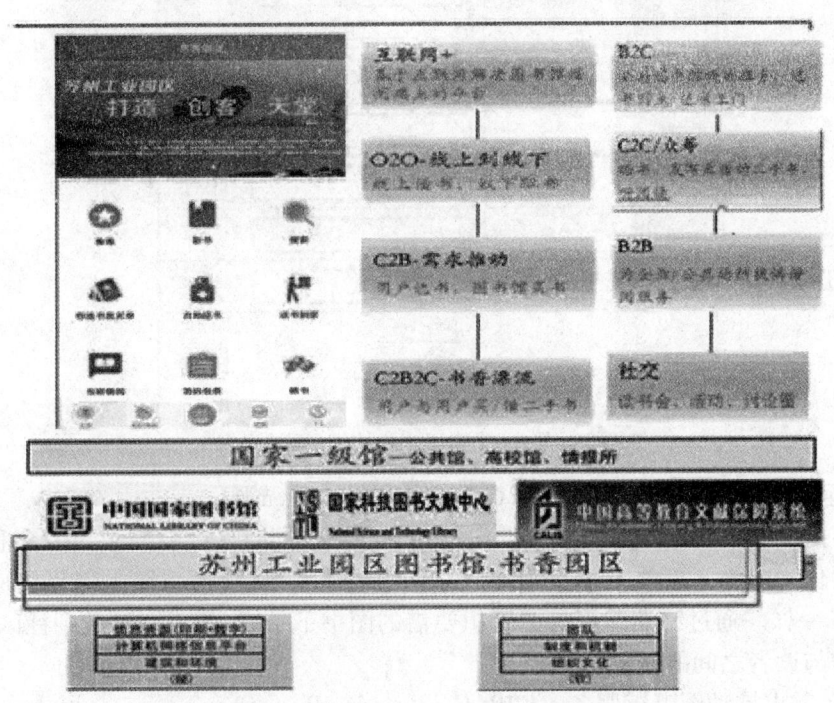

图1 书香园区(网上借阅O2O)平台

3.1.1 方便读者借阅 O2O(Online to Offline)

读者可以通过电脑或手机、平板电脑等移动智能终端访问"书香园区(网上借阅O2O)"平台,提出借阅请求,查找到图书后,通过物流系统配送到读者指定的社区图书馆或者社区投递服务点,同时以短信和推送的方式通知读者,读者凭证刷卡或凭密码取书,还书时就近还到社区图书馆或者投递服务点/还书箱。简单来说,市民只需要一张借阅卡、一部手机或一台电脑,就能轻松享受到图书投递服务,借阅服务。这种线上借阅、线下配送的模式,大大方便了没有充裕时间借书的读者。相比传统的借阅模式,大大地节省了读者的时间成本,提高了图书馆图书的借阅率,降低了图书馆停车、接待、管理的压力。

3.1.2 活动预约平台

读者还可以借助于活动预约平台参与图书馆各类知识交流活动,通过身份登记,方便移动预约、交流、共享活动资源与信息,同时借微信群、QQ群等交流平台,实现正式与非正式的交流,既有线上互动,也有线下交流(见图2)。

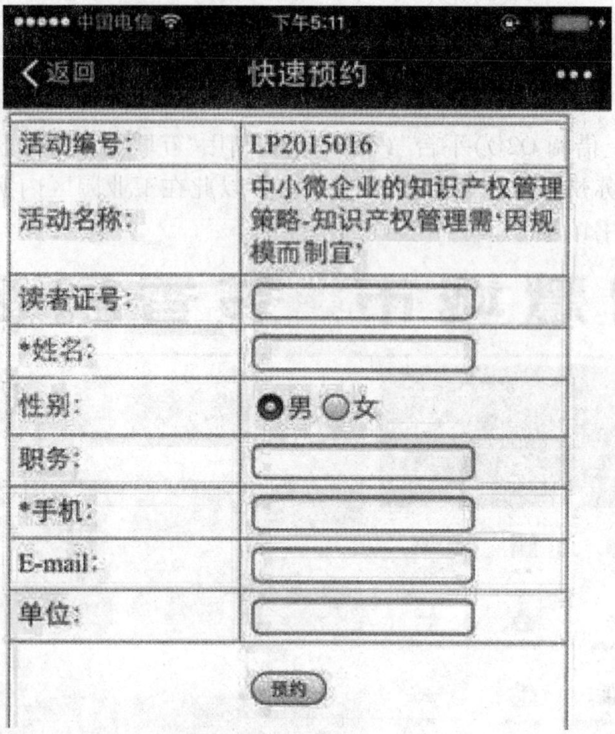

图2　图书馆"知识产权培训"预约平台

3.1.3　满足读者个性化服务需求　B2C（Business to Customer）

平台还提供送书到点/送书上门、上门还书的服务。同时从读者需求出发多种形式满足读者的个性化阅读服务需求。这个模式下配套的物流系统、投递系统类似目前应用在各小区的"食行"一样。通过终端即可将读者想要借的图书下单后，两天即可送到社区投递点，方便了图书馆与读者之间的互动。

3.1.4　读者需求推动图书馆服务　C2B（Consumer to Business）

平台还建有通过读者需求来推动图书馆服务的服务模式。例如用户选书，图书馆买单模式。这种方式改变了传统模式上图书馆买书，读者借书的方式。通过云借阅，图书馆可以与书店（或图书资源商）合作，读者凭有效证件可以直接在书店或活动现场挑选自己想要阅读的图书，通过特定的采选规则（资源的种类、资源的复本数、借阅规则等），读者即可将图书取走，实现借阅功能。而这些借阅信息通过云借阅平台进入图书馆的借阅系统，实现了互联网模式下的C2B，图书馆也因此提升选书、挑书、荐书的业务能力。由图书馆来为读者买单，同时成了图书馆与读者之间重要的黏合剂。

3.1.5　读者与读者、读者与图书馆交互的需求　C2B2C（Consumer to Business to Consumer）

在传统意义上，图书馆除了开展活动等方式，没有开放读者与读者之间的交流平台。然而在互联网模式上，我们可以通过网络实现"C2B2C"的模式，通过图书的漂流、个人书房等实现读者与图书馆、图书馆与读者、读者与读者之间的互动。读者通过"图书漂流"，可以找到就近的或自己感兴趣的个人书房，并可以直接通过平台借阅该用户个人书房中的藏书（允许出借的），并可以通过平台与该用户进行交流、分享读书心得，还可以实现个人书房之间图书交流/互换/交易等功能，这是一种虚拟的社区社交，个人书房的图书漂流作为公共图书馆的有力补充,将会大大丰富平台可出借的藏书数量,活跃民间藏书的交流。

3.1.6 众筹社会阅读资源 C2C(Customer to Customer)

在书香园区的平台上也可以满足众筹社会阅读资源的需求,读者在平台上发布晒书、出借的二手书、听阅读等阅读资源,实现读者间的全面交流。图书馆通过"互联网+"整合并优化公共资源,将极大地惠及民生。

3.2 "书香园区(网上借阅O2O)"平台创新了图书馆服务模式

第一,综合应用RFID技术、计算机互联网技术、移动通信技术和现代物流配送技术等,是公共文化与现代科技融合的典范,对地区乃至全国的公共图书馆发展都具有引领示范作用。

第二,创造性地解决了总分馆体系内,分馆间分布式资源的调配,在理论和实践上为图书资源的快速流通探索了行之有效的道路。

第三,"零距离"打造了市民身边的图书馆,并通过24小时不间断服务,极大地拓展了公共图书馆的服务时间和空间。

第四,以市民需求导向为出发点,以满足需求、方便借阅为目的,为市民提供了一种"订单式"的个性化服务方式,将市民定制的服务送到家门口,极大地节省了读者的时间。

第五,对于推进全民阅读,提升市民的文化素养有重要作用,有良好的社会效益。同时,该项服务具有广阔的市场前景,在全国乃至全球都具有推广价值,随着功能的不断完善,将各项增值服务加以整合融入,可以极大地带动文化消费。

3.3 "书香园区(网上借阅O2O)"平台建设难点

(1)自助服务点的建设问题:自助服务点合理设置、物流配送线路的优化、如何保证物流的有效性。

(2)大数据的分析问题:对读者的借阅行为进行数据分析,向读者推送相关信息,转变被动服务模式为主动服务模式。

(3)平台的维护问题:建成后如何建立一个有效的本地化维护机制。

4 结语

在"互联网+"的大背景下,我们有更大的空间和机会对图书馆服务进行拓展和补充。总之,用户在哪里,我们的服务就在哪里,拉进与用户的距离,模糊和淡化图书馆与用户的边界,为用户提供一种到桌面到身边的随时随地服务,使得我们的图书馆无处不在。

参考文献

[1] 马化腾.互联网+:国家战略行动路线图[M].北京:中信出版社,2015:18—35.

[2] 邱冠华,于良芝,许晓霞.覆盖全社会的公共图书馆服务体系:模式、技术支撑和方案[M].北京:国家图书馆出版社,2012:1.

[3] 柯平等.社会公共服务体系中图书馆的发展趋势、定位与服务研究[M].北京:国家图书馆出版社,

2011:223—224.

[4] 李新祥. 数字时代国民阅读行为嬗变研究[M]. 北京:中国社会科学出版社,2014:286—290.

[5] (美)阿莱克斯·彭特兰. 智慧社会:大数据与社会物理学[M]. 杭州:浙江人民出版社,2015:61—76.

[6] 王苑. 移动互联网时代下的数字图书馆的构建[J]. 农业图书情报学刊,2013(5):91—93.

[7] 王霞. 基于移动互联网的数字图书馆服务模式的构建用[J]. 吉首大学学报(自然科学版),2014(7):89—92.

[8] 严浪. 国内外图书馆 APP 移动服务比较分析及启示[J]. 情报资料工作,2013(6):85—88.

互联网思维下图书馆创新服务

——内蒙古图书馆"彩云服务"

张树杰（内蒙古图书馆）

1 彩云服务概述

供需不对称是公共图书馆长期以来普遍存在的突出矛盾。一方面,公共图书馆的图书采购经费有限,公共图书馆的馆藏资源难以满足群众需求。近年来书刊价格持续上涨,文献购置经费相对短缺,导致公共图书馆新书入藏量下降,无法很好地满足读者的需求。另一方面,公共图书馆采购的资源不能很好适应群众的需求,图书的流通率、外借率等体现效能的指标长期在低位徘徊。读者阅读需求呈现多样化、个性化、随机化等特征,图书馆依赖于采购馆员判断的传统图书采选方式已经无法精准把握读者需求。更重要的原因是公共图书馆服务受制于传统的理念、规范、流程,造成公共图书馆服务和公众需求有偏差,服务效能不高。针对这一情况,为了切实提高馆藏文献的利用率,真正实现公共图书馆资源服务与需求的有效对接,切实满足广大读者的阅读需求,2014 年 5 月内蒙古图书馆开展了"彩云服务——我阅读、你买单,我的图书馆、我做主"创新实践活动。

"彩云服务"是运用互联网思维下的云服务理念,通过内蒙古图书馆自主研发的"公共文化服务体系中读者、书店、图书馆集'借、采、藏'一体化服务管理平台系统",让图书馆和各合作书店成为"云图书馆"的服务终端,直接为读者服务[1]。凡持有内蒙古图书馆读者证的读者,根据内蒙古图书馆制定的彩云服务规则,可在合作书店任意挑选所需图书,选定后在新华书店直接办理借阅手续,在借阅期限内还至内蒙古图书馆,由图书馆买单,而无须个人买单。彩云服务充分诠释了以读者需求为主导、较少馆员干预、满足读者个性化即时需求的新型资源建设方式和服务方式。

2 彩云服务的建设内容

2.1 自主研发彩云服务平台

内蒙古图书馆自主研发了"公共文化服务体系中读者、书店、图书馆集'借、采、藏'一体化服务管理平台",将图书馆和书店的资源与服务集成整合,提供联合编目、资源共享、图书外借等一系列基于动态数据的云服务。"彩云服务平台"建设初期包含的功能模块有图书查询、借书(售书)、还书、结算系统,现在增加了手机扫码查询、手机地图寻书、手机在线下单、手机彩云传书等功能。值得一提的是手机彩云传书功能,该功能实现了一本书在两个读者之间借阅的自动流转,只需手机扫一下自动生成的二维码即可完成图书在两个读者之间的借阅,无须将书归还至图书馆后再重新办理借阅手续,节约了读者时间,简化了借阅流程。电子图书也采用彩云服务模式,由读者下载采购,图书馆与数据商买单,真正实现了零拒借率。

2.2　经费分配

内蒙古图书馆购书经费的60%(包括电子书籍)用于彩云服务,40%的经费用于馆藏民族地方文献、古籍资料、文献保障等建设[2]。从经费分配上可以看出内蒙古图书馆图书采购实现了以读者需求为主导,所购图书既能保证较高的利用率,同时又兼顾了图书馆基本馆藏资源建设的系统性、完整性。

2.3　制定彩云服务借阅规则

根据读者证押金制定彩云服务的借阅册数,并在购借图书金额上系统予以控制。100元押金借阅图书2册,其中可在彩云服务合作书店借阅图书1册,且所借图书价格总和≤100元。500元押金借阅图书5册,其中可在彩云服务合作书店借阅图书2册,且所借图书价格总和≤500元。教辅类图书和成套图书不列入彩云服务图书种类。当所选图书已达内蒙古图书馆藏书复本数上限时,请到内蒙古图书馆借阅该书或选其他图书借阅。借期之内将图书还至内蒙古图书馆,借期30天,借期内可到内蒙古图书馆自助借还机办理续借手续一次,续期20天。逾期或损坏图书按内蒙古图书馆图书借阅规则处理。

2.4　系统根据统计灵活调整确定馆藏复本数量

系统可根据单位时间内蒙古图书馆借阅流通率统计灵活调整馆藏复本数量。对于借阅率高的图书适当增加馆藏副本量至5册,对于流通率低的图书降至2册[3],节约经费最大限度地满足读者需求。

2.5　确定读者选购权限,实行读者信用评级制度

内蒙古图书馆为每位读者建立各自的信用评级(A—E),默认等级为C级。当用户超期30个自然日未归还书店购买书籍,系统评级自动降一档,同时个人可购买图书的限额降低一档;当用户超期90个自然日未归还书店购买书籍,系统评级自动降为E档,不能进行任何购买操作;当用户前一年购买书籍的流通次数超过5次,系统评级自动上升一档,同时可购买图书数量增加1本;当用户前一年购买书籍在馆内前一年资源(包含电子资源)下载使用排行表前50位,系统评级自动上升一档,同时可购买图书数量增加1本;当用户前一年购买书籍在书店前一年年底统计的销量排行榜排名前50,系统评级自动上升一档,同时可购买图书数量增加1本;当用户前一年购买书籍超过10本同时满足馆内流通率、书店排行榜的要求,系统评级上升至A,可购买图书增加3本。

2.6　彩云服务的购借流程

读者选好书后,可用彩云服务APP扫一下图书的ISBN号,如果达到馆藏上限,再选择其他图书购借,如果没有到柜台将读者证交给书店人员、输入密码,系统自动生成购书订单;

书店工作人员对所购图书进行简单加工(盖馆藏章、贴磁条、条码),系统自动将图书编目信息上传到图书馆的书目数据库,完成借阅。在所借图书到期之前,读者将书还至内蒙古图书馆即可。

2.7 彩云服务移动平台——手机 APP

读者通过手机扫描二维码下载安装彩云服务 APP,可实现流通图书读者之间馆外直接转借服务,图书在馆外直接流通,无须到图书馆办理借还手续,手机扫描新书 ISBN 可直接查询图书的馆藏复本情况,还可以查询图书馆合作书店彩云之店的位置及读者本人借阅历史等功能,极大地方便了读者借购图书。

2.8 电子资源彩云服务模式

目前图书馆的电子资源采购模式是数据库整库包年采购,支出费用占图书采购比例很高,经费有限不能购全数据库,同时很多文献的下载使用率又极低,这就造成了供需不对称的矛盾。内蒙古图书馆针对这一情况,电子资源的下载借阅也推出了彩云服务模式。持内蒙古图书馆读者证的读者可下载电子期刊论文 30 篇/月,电子图书 10 种/月,多媒体资源 10 种/月,图书馆根据每月读者下载流量与数据商进行月结算,避免了死资源的存在,解决了电子资源供需不对称的矛盾。

3 彩云服务特点

特点一:突出按需供给理念,以公众阅读需求为出发点、落脚点,转变传统的自上而下的单一供给方式,建立健全的自下而上的公共文化服务需求表达机制,真正地把这个采购的权力交给了老百姓,还权于民,实现了服务与需求有效对接,推进了公共文化服务均等化发展。

特点二:首创以读者为主导资源建设新模式,使读者首次从文献资源建设的接受者和终端转变为发起者与首端,成为文献资源建设的决策者、建设者。

特点三:颠覆传统图书馆百年不变的流程,将传统的采、藏、借,改造为以阅读为引领的借、采、藏全新业务流程,是对图书馆服务理论的重大突破。

特点四:拓宽了全民共建共享图书馆资源的渠道和途径,使读者无须付出高昂的阅读成本,实现第一时间借到所需文献,激发社会成员崇尚阅读,培育全民阅读习惯。

特点五:以现代信息技术集成为基础,打造多方共享平台,实现数据共享、需求共享、渠道共享,打破了读者、书店、图书馆之间的数据壁垒,积极整合社会文化资源,开展百姓点"菜"、政府买单、图书馆与书店联动、按需配送的新路径,实现了统筹整合、多方共赢。

特点六:实现了文化事业供给与文化产业供给有机结合,培育和促进了文化消费。把公众需求转化为文化企业的发展动力,带动了书店经营,产品创作与生产,激活了文化消费,提高了公共文化服务效能。

特点七:实现传统图书馆与虚拟图书馆的有机对接。读者在利用内蒙古图书馆资源(包括纸质、电子)学习的同时,可根据个人阅读学习兴趣通过云服务平台建立家庭、群落、社区等交流场所,建立虚拟典藏、参考服务、展览、读书会、讨论会等,形成虚拟的家庭图书馆、群落图书馆、社区图书馆和更为庞大的社会图书馆,读者利用手机 APP 在虚拟图书馆环境中扮演文献信息的接受者、管理者、服务者等不同的角色,展开互动交流、交换互借文献,形成服务队伍多元化、馆藏模式多样化、藏书结构体系社会化,让文献始终处于漂流借阅状态(馆不集藏,书不压馆),促进全民阅读和书香社会的建设。

4 "彩云服务"的意义

4.1 彩云服务对提升图书馆的服务效能具有重大贡献

彩云服务实现了公共图书馆图书流通率 100% 的目标[4],按照传统的业务流程国内外图书馆不可能达到。一方面我们购书费很少,买来的书很少,另一个方面许多书我们买回来没人借。彩云服务解决了图书馆一般图书外借率低的难题,大大提升了图书馆的服务效能。

4.2 彩云服务促进了文化事业与产业的协调发展

彩云服务为实体书店带来了发展机遇,同时提高了图书馆读者持证率,使双方共赢。图书馆是纯粹的公益性文化事业单位,书店是文化产业机构,通过彩云服务实现了与文化产业机构的有机结合和资源的有效整合。彩云服务在公共文化服务中培育和促进文化消费方面所体现的作用非常明显。

4.3 彩云服务利用大数据分析挖掘读者需求

彩云服务以现代信息技术集成为基础,通过平台规则及大数据分析的设定,做文化舆论的引导者、阅读潮流的引爆者,建立信用管理机制,形成良性、积极、和谐的文化氛围。将图书馆作为读者阅读行为的分析中心、阅读热情的引爆中心和阅读需求的挖掘反馈中心,利用大数据分析技术对读者需求的挖掘,精细化地将读者需求对接到整个文化服务产业中,包括作者、出版社、发行中心和书店的服务。

4.4 为社会营造了全民阅读的氛围

2015 年"全民阅读"再次被写入《政府工作报告》,在回答《人民日报》记者有关"全民阅读"的提问时,李克强总理认为:"书籍和阅读是人类文明传承的主要载体,阅读是一种享受。希望全民阅读能够形成一种氛围,无处不在。"图书馆尤其是公共图书馆要在推动全民阅读工作中担当起倡导者、组织者和实践者。彩云服务就是内蒙古图书馆深入推进"全民阅读"的一项创新举措,因其对资源的即时获取以及无须担心阅读成本,大大地调动了广大群众阅读的积极性,为社会营造了全民阅读的氛围。

5 彩云服务的发展

5.1 实行区域性图书馆联盟的"彩云模式"联合采购

内蒙古图书馆可以联合本地其他类型的图书馆建立区域性图书馆联盟,开展"彩云模式"的合作馆藏建设项目。开展多馆联合的"彩云模式"采购能够发挥"彩云模式"采购和联合采购的双重优势。一方面,能确保加入到联合采购系统的图书至少有一位读者使用;另一方面,如果读者希望采购的图书在其他合作馆已有馆藏,就不必再次购买,降低了图书馆资源建设的重复建设率。在开展多馆联合的"彩云模式"采购时,要充分发挥内蒙古图书馆的经验优势和核心作用,并且需要考虑联盟内图书馆自动化管理系统的统一、平衡好联盟内图书馆各自的利益等问题。

5.2 将合作单位范围扩展到网上书店,从实体走向实体+虚拟

近年来,网上书店凭借网络优势得到了迅猛的发展,如亚马逊、当当网等。网上书店有着多种优势:丰富的图书资源和最新的图书信息;自己的物流,发货速度较快,一般1—2天便可送达,保证了图书的时效性。彩云服务目前的合作单位均为实体书店,来到实体书店的客户才能受益于此项服务。在互联网思维下,彩云服务应当与实力雄厚、具有创新意识的网上书店合作,只要符合彩云服务的购买标准,读者无须走进图书馆或书店即可快速获取所需文献,使彩云服务从实体走向实体+虚拟。

5.3 充分利用互联网思维下O2O服务模式构建家庭书架与图书馆馆藏全社会的大藏书体系

充分利用互联网技术实现线下与线上借阅相结合,即O2O(Online to Offline)的借阅模式,读者通过手机可直接在线上借阅,图书馆线上收到借阅订单后,可线下直接通过物流将图书送至读者手中,读者进行线下阅读。一是实现借阅模式的创新,读者不用直接来图书馆,只需线上操作提出需求,通过彩云平台借助物流服务便可实现线下阅读所需图书,最大限度地满足其阅读需求,使图书在馆外读者之间直接流通。二是图书流动物理空间的创新,打破原有的读者和图书馆之间的借阅物理空间,构建全社会藏书空间,成为互联网思维下传统商务和电子商务结合的典范。三是实现藏书体系建设的创新。个人的藏书同时也是馆藏,馆藏同时也是读者的藏书,今后读者借阅图书后如果想收藏此书,可从读者押金中将书费扣除,图书馆再补充馆藏,读者之间也可将自己的藏书和图书馆借阅的藏书通过彩云服务平台实现馆外借阅和交换,从而构建全民藏书体系。形成全社会藏书体系,家庭书架与图书馆馆藏构成全社会的大藏书体系,只要读者有需求,可通过借阅、交换、捐赠等多种方式来获得图书,该平台还将带动物流业的发展。该平台激活了闲置资源,盘活了社会藏书,让图书流动起来,形成全民藏书、全民阅读、全民共建共享的格局。

参考文献

[1] "彩云服务"创造公共图书馆服务 提升"中国经验"[EB/OL]. http://inews. nmgnews. com. cn/system/2015/01/17/011613127. shtml/.

[2] 彩云服务计划[EB/OL]. http://www. nmglib. com/ntzt/cyfwjh/qdcx/.

[3] 杜洁芳. 内蒙古图书馆"彩云服务":你选书 我买单[N]. 中国文化报,2015 – 06 – 29(1).

[4] 张贺. "你看书,我买单"[N]. 人民日报,2015 – 02 – 05(19).

基于"十三五"规划的南京图书馆使命研究[①]
——兼论省级公共图书馆的使命

李　浩　王　兵(南京图书馆)

1　引言

2015 年,是"十二五"规划的收官之年,也是"十三五"规划的编制之年。1 月 14 日,中共中央办公厅、国务院办公厅印发了《关于加快构建现代公共文化服务体系的意见》,为今后五年加快构建现代公共文化服务体系提出了指导思想、基本原则、主要目标和措施要求,也为加快公共图书馆事业的发展指明了方向、描绘了蓝图[1]。江苏省作为东部经济发达省份,党中央历来寄予厚望,曾对江苏提出在全面建成小康社会的基础上率先基本实现现代化的发展目标,2014 年习近平总书记又提出"努力建设经济强、百姓富、环境美、社会文明程度高的新江苏"的殷切希望,为江苏发展确立了新坐标、明确了新任务[2]。

在推进全面建成小康社会、全面深化改革、全面依法治国、全面从严治党的伟大进程中,未来五年时间里,南京图书馆作为江苏省级公共图书馆,如何担当使命,更好地发挥作用,推动文化建设迈上新台阶? 应是我们图书馆从业者思考的问题。

2　使命的内涵

"使命"一词源于《左传·昭公十六年》:"会朝之不敬,使命之不听,取陵於大国,罢民而无功,罪及而弗知,侨之耻也。"意为奉命去完成的某种任务,泛指重大的任务或责任[3]。公共图书馆使命(mission)是关于公共图书馆责任的陈述,表达同样含义的术语还包括目的(purpose)、任务、功能定位等[4]。中国图书馆学会发布的《图书馆服务宣言(2008)》明确提出:"现代图书馆秉承对全社会开放的理念,承担实现和保障公民文化权利、缩小社会信息鸿沟的使命。"[5]世界上主要公共图书馆专业文献都推荐将教育、信息服务、文化传播、促进社会和谐、培育信息素养、培养阅读兴趣、扫盲作为当代公共图书馆的主要使命[6]。即便是私人图书馆也都制定有明确的使命,如美国著名的私人图书馆——亨利·爱德华·亨廷顿图书馆、美术馆和植物园(简称"亨廷顿图书馆")就将其使命表述为"建立在为游客提供著名的收藏和植物园遗产的基础上。今天的亨廷顿图书馆,通过增长和保护其馆藏,通过学者社

---

① 此文为江苏省图书馆学会 2014 年度学术研究重点立项课题"省级公共图书馆服务功能定位及其发展趋势研究"子课题成果之一,立项编号为 14ZD01。

团的发展和支持,并通过向公众展示和解释其非凡的资源,鼓励研究和促进艺术、人文和植物科学的教育",并在馆藏、组织和亨廷顿社团三个方面有着进一步的表述[7]。

3 南京图书馆使命设计的考量

《关于加快构建现代公共文化服务体系的意见》要求,要坚持正确导向、政府主导、社会参与、共建共享和改革创新,到 2020 年,基本建成覆盖城乡、便捷高效、保基本、促公平的现代公共文化服务体系,推动社会主义文化大发展大繁荣,提高全民族文化素质,增强民族凝聚力,为实现中华民族伟大复兴的中国梦提供强大的精神动力和文化支撑[8]。

公共图书馆作为国家公益性文化服务的主体机构之一,欲构建现代公共文化服务体系,必先构建现代公共图书馆服务体系。在"十三五"期间,南京图书馆要用超前思维,借用先进技术,在"现代"上下功夫,在"体系"上做文章,进一步明确定位,勇于担当,确保到 2020 年,引领全省图书馆基本建成覆盖全省、无所不能、无处不在的智慧化图书馆服务体系。

3.1 担当起全省图书馆事业发展龙头的使命

南京图书馆是江苏省公共图书馆,国家一级馆,馆藏位居全国第三,确立了"国际先进、国内一流"的奋斗目标。作为介于国家与地市级之间,承上启下,统领全省,既要对国家政策和国际动态有所回应落实,又要对全省业务有所引领辐射,对全省图书馆事业的发展具有不可推卸的服务体系构建、业务指导协调、学术引领示范三大作用。

(1)构建图书馆服务体系。当前,要构建体系,最便捷、最好操作、也最流行的方法莫过于"互联网 +"了。它是创新 2.0 下互联网发展的新形态,是重塑了物联网、云计算、社会计算和大数据等信息技术的新业态。事实证明,互联网加什么传统行业,该传统行业就会得到革命性的飞速发展,如加通信、加媒体、加零售等行业。南京图书馆要牵头全省各公共图书馆,运用"互联网 +"技术,打破馆际壁垒,先期构建全省公共图书馆服务体系,继而再整合高校和科研院所图书馆,最后形成覆盖全省的图书馆服务体系。

(2)开展业务指导协调。大而全的服务背后需要强大的业务支撑。南京图书馆作为法人治理结构改革试点单位,要不断总结经验,努力为兄弟单位发挥示范作用。要促进出台《江苏省公共图书馆管理办法》,确保全省的图书馆建设事业有法可依。要当好业务领军的角色,充分发挥在全省图书馆事业建设与服务过程中统领全局和组织协调的作用,建立业务协调机制,定期召开协调会议对重大事项进行协调,通过业务交流 QQ 群等形式对出现的服务问题随时协商解决,从而提升全省图书馆协同服务水平。

(3)加强引领学术研究。紧盯国际图书馆发展的最新动态和国家层面的最新要求,及时收集反馈民众和读者对图书馆服务的意见和建议,通过征文、培训、研讨等形式,加大对新生事物的研究,积极推进新技术在图书馆工作中的应用,以学术带动业务的创新发展。要制定《南京图书馆"十三五"科研课题指南》,进一步提高《新世纪图书馆》办刊质量,争取进入全国核心期刊的行列。

3.2 担当起全省文献信息资源保障与服务中心的使命

《图书馆服务宣言(2008)》指出:"图书馆是通向知识之门,它通过系统收集、保存与组织文献信息，实现传播知识、传承文明的社会功能。"[9]保存人类文化遗产是公共图书馆的最基本功能之一，丰富的馆藏更是图书馆的立足之本。大英图书馆作为全球规模最大的实体图书馆之一，近两年里访客数量只增不减，增幅平均10%左右，究其原因是其拥有丰富的历史资源。南京图书馆作为省级公共图书馆，要通过呈缴、征集、受捐、交换、购买、自建等方法，进一步扩大馆藏的品种和范围，最大限度地丰富馆藏和扩大免费开放，使之真正成为江苏省经济社会发展的文献信息资源保障与服务中心。要争取老馆的保留、开发和利用，恢复开放"国立中央图书馆旧址"，以厚重的历史、丰富的馆藏，确保图书馆事业的可持续发展。

3.3 担当起引领社会教育教化的使命

（1）倡导社会阅读。《关于加快构建现代公共文化服务体系的意见》明文规定："深入开展全民阅读活动，推动全民阅读进家庭、进社区、进校园、进农村、进企业、进机关。"[10]在今年全国"两会"上，"全民阅读"第二次被写入《政府工作报告》，李克强总理表示明年还会继续，并说"我希望全民阅读能够形成一种氛围，无处不在。"[11]南京图书馆连续五年举办"南图阅读节"，最大的特点是确立"和名著对话，与大师同行"的活动理念，每年选择一部经典名著，通过论坛、讲座、展览、影片赏析、诗文诵读、知识竞赛、作品大赛等形式，深入解读每部名著的精义，受到了社会的广泛好评，荣获"江苏省第六届公共图书馆优秀服务成果一等奖"，成为南京图书馆的文化活动品牌。今后，要继续沿着这条道路，在成功选读四大名著的基础上，继续选读《孟子》《老子》《庄子》等中国古典哲学名著。同时，要在春节、元旦、"世界读书日""六一"儿童节等节假日开展形式各样、寓教于乐的读者活动，促进全民阅读氛围的形成。

（2）提升全民素养。素养（literacy）是指一个人的基本文化能力，分为阅读、写作、计算、信息素养，职业素养三个层次。首先要让普天下民众零门槛、无障碍、有尊严地走进图书馆、利用图书馆，满足他们的最基本文化需求；其次要开展高端服务，培养提高民众的信息素养以及与其相关的媒体、计算机、视觉、艺术、数字等素养，以适应信息时代的需要；再次要为满足民众职业素养开展特别服务，主动承担起为广大民众适应新形势的新技能培训，为填平社会的技能鸿沟做出贡献。

（3）开展社会实践教育。近几年来，图书馆建设突飞猛进，成为城市文化的标识和公益文化活动的主阵地。少先队员、青少年、中老年等越来越热衷到图书馆开展"我是小小图书管理员""青年文化志愿者""老年书友会"等活动，《关于加快构建现代公共文化服务体系的意见》明确要求要大力弘扬志愿服务精神，大力推进文化志愿服务。南京图书馆要充分发挥"全国廉政文化建设示范基地""江苏省文化志愿者活动基地"的作用，创新服务内容、工作方式和活动载体，组织各种公益的读书、观展、益智、交流等活动，探索构建参与广泛、内容丰富、形式多样、机制健全的文化志愿服务体系。

3.4 担当起知识管理和智慧服务的使命

云计算、大数据、数字图书馆等先进技术催生了"智慧化"概念。"互联网＋"作为"智慧化"概念的本质特征，不仅仅是技术上的"＋"，也是思维、理念、模式上的"＋"，其重要内容就是要推行以人为本的管理和服务模式上的"智慧化"创新。上海交通大学图书馆等多家图书馆提出到2020年打造出触手可及、灵活感知的智慧图书馆。智慧图书馆是在数字图书馆的基础上，通过云计算和大数据技术发展的创新形态，是未来图书馆发展的新模式[12]。

（1）智能运营。智慧图书馆拥有智慧的管理系统,能够对各种反馈信息和事务进行处理、管理和决策,实现跨系统应用集成、跨部门信息共享、跨库网转换互通、跨媒体深度融合、跨馆际物流速递,达到书书相连、书人相连、人人相连,最终在省内、国内,直至全球图书馆互联互通。

（2）知识管理。数字化深刻影响着知识流向,成为承载和管理知识的主流形态,正加速替代传统图书馆承担的知识流通功能。美国一项调查表明,7.2%的书支撑着80%的流通量,近80%的图书得不到有效流通。2013年大英图书馆数字化并上传了100万张未得到有效流通的书籍和图片,出乎意料的是受到了全球读者的欢迎和好评。同样,其他图书馆也面临着馆藏文献的挖掘开发和推广使用的问题[13]。南京图书馆要以用户为中心,加大馆藏数字化的力度,提升知识管理与服务的水平,最大化地提升馆藏利用率,实现"知识即服务"。

（3）智慧服务。智慧图书馆的知识服务应该是一站式的、问答式的、终点式的。手机作为最常见、最普及的终端设备,要打造移动图书馆,让手机成为联系读者与智慧图书馆的桥梁,让读者不论身处何处何时都有种"手里握着图书馆"的自信。要抓好全国图书馆参考咨询协作网和省级公共馆立法决策服务协作平台的运行,引导民众了解和利用图书馆文献信息资源,进一步优化对党政机关以及社会公众的咨询服务。

3.5 担当起第三空间的使命

（1）文化娱乐休闲。作者多次撰文论述公共图书馆作为"第三空间"的必要性和可行性,认为:作为"第三空间"的图书馆,是人们除生活和工作以外的自由、免费、公共的文化空间。在情况许可下,免费开放会议室、展览厅、声像视听室、多功能学术活动厅,增设音乐厅、咖啡厅、娱乐厅、餐厅等,增加文化娱乐休闲的沙发、座椅等设施,与商业娱乐休闲场所错位发展,互为补充,相得益彰,真正让图书馆成为民众免费、舒适的文化休闲场所。

（2）"创客"空间。"创客"一词2015年首次进入《政府工作报告》,李克强总理在回顾2014年工作时提出"众多'创客'脱颖而出"。国务院办公厅印发的《关于发展众创空间推进大众创新创业的指导意见》,工作重点中包括构建一批低成本、便利化、全要素、开放式的众创空间[14]。上海图书馆吴建中馆长是其积极倡导者,"上图'创·新空间'吸引创客扎根"的报道不时付诸报端,受到了读者和社会的好评。南京图书馆要开辟"创客"空间,配备制图设备、设计软件、多媒体触屏、3D打印、投影、音响等设备,举办各类展览、讲座、专家指导等活动,提供专业的参考咨询和帮助,使"创客"空间成为创业者的公益试验室。

（3）自修空间。南京图书馆免费开放自修室以来,每天座无虚席,寒暑假和节假日更是一座难求,排队等候。今后,南京图书馆要根据读者需求,适时增加自修空间的开放面积,延长开放时间,满足读者的学习要求。

综上所述,南京图书馆在"十三五"期间的使命应该表述为:以《关于加快构建现代公共文化服务体系的意见》为指导,充分发挥全省图书馆事业发展的龙头作用,立足于全省文献信息资源的保障和服务,全面引领社会教育教化,开展知识管理和智慧服务,营造第三空间,基本建成覆盖全省、无所不能、无处不在、便捷高效的智慧化图书馆服务体系,努力为建设新江苏做出更大的贡献。

4　结语

　　简而言之,省级公共图书馆的使命,就是各省馆根据国家的大政方针和所在省的省情、馆情,研究制定的一定时期内所要完成的重大任务或履行的重要职责。2015 年是"十二五"规划的收官之年和"十三五"时期的布局之年,各馆在起草"十三五"规划之际,极有必要先行研定本馆的使命,以便明确本馆在"十三五"乃至更长时期内的目的、任务、功能定位等要素,以保障图书馆的事业得以持续、健康的科学发展。

参考文献

[1][8] 新华网.《关于加快构建现代公共文化服务体系的意见》(全文)[EB/OL]. http://news. xinhuanet. com/zgjx/2015-01/15/c_133920319. htm.

[2] 新华报业网.努力建设经济强百姓富环境美社会文明程度高的新江苏[EB/OL]. http://news. xhby. net/system/2014/12/15/022931603. shtml.

[3] 刘振铎. 辞海[M]. 长春:北方妇女儿童出版社,2002.

[4] 于良芝. 探索公共图书馆的使命:英美历程借鉴[J]. 图书馆,2006(4):1—31.

[5][9][10] 中国图书馆学会网站. 中国图书馆学会图书馆服务宣言(2008)[EB/OL]. http://www. lsc. org. cn/c/cn/news/2009-01/05/news_2771. html.

[6] 于良芝. 公共图书馆存在的理由:来自图书馆使命的注解[J]. 图书与情报,2007(1):1—9.

[7] The Huntington. Mission statement[EB/OL]. http://www. huntington. org/WebAssets/Templates/content. aspx? id = 14552.

[11] 人民网.李克强:希望全民阅读形成氛围,无处不在[EB/OL]. http://politics. people. com. cn/n/2015/0315/c70731-26695616. html.

[12] 李浩. 云计算、大数据、数字图书馆与智慧图书馆关联研究——用大数据战略打造智慧图书馆的思考[J]. 四川图书馆学报,2014(6):31—34.

[13] 童薇菁. 大英图书馆:数字时代,图书馆更是诺亚方舟[N]. 文汇报,2015 - 03 - 10.

[14] 中华人民共和国科学技术部官网.国务院办公厅关于发展众创空间推进大众创新创业的指导意见[EB/OL]. http://www. most. gov. cn/yw/201503/t20150311_118521. htm.

近年来国外数字图书馆发展规划的制订及启示

杨　凡　刘金哲　钟晶晶　吴　静(国家图书馆)

　　图书馆事业发展规划的制订有助于更加清晰地了解图书馆事业发展形势,把握未来发展方向,加强图书馆管理的规范化和专业化,推进事业不断向前发展。2015 年是"十二五"的收官之年,也是谋划"十三五"发展的关键年份。我国各级各类图书馆、各重大工程、各专项工作等的"十三五"规划都在积极制订中,以作为今后开展工作的基本纲领和行动指南。随着信息时代的来临,数字图书馆的发展在图书馆事业发展中占据着越来越重要的地位,因此也成为图书馆事业发展规划中不可或缺的重要内容。为此,特收集近年来一些国外图书馆、行业组织、数字图书馆项目有关数字图书馆发展规划的文件,也为我国数字图书馆发展规划的制订提供些借鉴。

1　国外数字图书馆发展规划

1.1　美国国会图书馆"2011—2016 战略规划"

　　美国国会图书馆制定了"2011—2016 战略规划"[1],提出了五大发展目标,并对如何实现这些目标分别给出了具体建议措施。这五大目标对数字图书馆建设都有所涉及。其中,目标一是为国会提供权威的研究、分析和信息,在具体策略中提到要让员工了解、掌握相关领域的发展近况和新兴技术。目标二是收集、保存全球知识信息和关于美国创造力的记录,并允许访问,具体策略有:分析媒体和信息的发展趋势,包括访问、格式、内容和保存;在获取和保存馆藏方面加强合作;增加识别获取数字资源的方法;建立工作流、系统及进程,实现对数字资源在其整个生命周期内的有效管理;打造一个能有效反映图书馆馆藏数量和质量的网站;增加在线可获取的数字资源数量。目标三是保持有效的国家版权法系,要改善流程和信息技术基础设施,以确保版权登记的及时性;与其他机构合作,提供版权注册信息访问服务。目标四是在与外界合作中发挥引领和协作功能,推进知识与创造力发展,具体包括通过推广和评估活动获得有效的合作关系;通过协商,与合作伙伴共同承担合作数字项目经费等。目标五是对发展成果进行前瞻性管理。一方面,支撑图书馆主要业务的具有前瞻性的信息技术基础设施十分重要。图书馆将通过企业架构、信息资源管理模式、成功的实践案例来寻找数字技术融入图书馆业务流程的最佳方法,以及在网络时代提供方便快捷信息的最佳途径。另一方面,明确在线服务的优先权。通过网络治理委员制定战略、政策和网络标准等提高网络管理的有效性。

1.2　英国国家图书馆"2020 年愿景"

　　英国国家图书馆于 2010 年 9 月推出了"2020 年愿景"[2],即到 2020 年,在全球信息网络中处于领先地位，通过馆藏、专业知识和合作伙伴来传承世界知识。这一愿景包含五大关键主题。一是保证后世对资源的获取和使用。因此，要做好纸质资源的数字化和数字资源的保存保护工作。二是要允许每一个想要做研究的人进行访问。所以，要大量数字化没有版权问题的资源，尤其是那些稀有、独特、重要的遗产；实现对不存在版权问题的数字资源的远程访问；建立在线数字内容授权合作模型，实现作者、出版商、用户的共赢。三是为了社会经济利益，支持关键领域的研究团体。具体来说就是能够提供情景式、个性化、智能化的定制服务。四是丰富国家的文化生活。具体做法有：数字化珍稀馆藏，使其更易访问；通过交互式经验以在线或现场方式访问馆藏；合作开发协作式虚拟和物理公共空间。五是在日益增长的世界知识基础上发挥领导和合作作用。如推动用户、图书馆、档案馆、科研机构和信息提供者形成一个全球网络，具体包括参与国际文化外交，参加一系列合作模式等。

1.3　英国国家图书馆"激活知识：2015—2023 战略规划"

根据"2020 愿景"，英国国家图书馆推出"激活知识：2015—2023 战略规划"[3]。其规划目标及优先策略共分为六个方面。管理方面：创建、协助、保存英国出版的纸质资源和数字资源，包括合作开发国家收藏的原生数字内容，确保其长期保存；发展收集管理能力，提供共享服务等。研究方面：支持、激励各种类型的研究，包括开发远程访问服务，推进创新大规模数据分析等。商业方面：帮助企业创新和成长。文化方面：鼓励每个人拥有难忘的文化体验。学习方面：激励年轻人以及各年龄段的求学者。国际性：和全世界的合作伙伴一起工作，传承知识、增进理解。这一规划虽然较少提出专门针对数字图书馆的战略，但是在研究、商业、国际性等方面的发展建议却有着通用性和很好的借鉴意义。

1.4　日本国立国会图书馆"我们的使命与目标 2012—2016"

日本国立国会图书馆为完成"为国民的创造性活动做出贡献，并为民主主义的发展贡献力量"的使命，在"我们的使命与目标 2012—2016"[4]中明确提出六个战略目标。其中与数字图书馆建设密切相关的有收集与保存、信息访问、相互协助与合作三个目标：一是收集与保存，具体来说要全方位收集电子书籍和电子杂志，分阶段建立健全法律制度；继续推进对公共机构网站信息的收集和保存工作；对具有历史收藏价值的珍贵音源和视频以及其他存在着散失风险的资料以数字化方式进行收集保存；对所藏资源在做好保护工作的同时进行数字化。二是信息访问，推进资料的数字化和网上公开工作；提供便于残疾人使用的数字资料；建立健全数据库及其他信息，便于读者准确快速地查找资料；让读者能够简便地访问国内外的信息资源；制作涵盖互联网内容的书目信息。三是相互协助与合作，推进与国内外各相关机构的合作。

1.5　苏格兰公共图书馆 2015—2020 战略规划

2015 年 6 月 2 日，苏格兰图书馆和信息委员会（SLIC）发布题为"目标与机遇"的苏格兰公共图书馆 2015—2020 战略规划[5]，这也是苏格兰第一个全国性的公共图书馆发展规划。该规划提出了六大战略目标。其中，与数字图书馆建设相关的有三个，一是促进阅读、学习，提升信息素养。推动快乐阅读文化，培养人们遴选信息的能力。二是促进数字技术融合发展。充分利用数字技术为公众提供高质量、高效率的服务，使公众无论何时何地都能获得信息服务。三是促进经济发展,为求职者提供数字技能、语言培训,为小企业提供信息支持。

2 行业组织或数字图书馆项目的战略规划

2.1 国际图联(IFLA)2010—2015 年战略规划

IFLA 2010—2015 年战略规划指明了图书馆未来几年内的发展方向和目标。这一战略规划是政府和 IFLA 成员组织的行动指南[6]。主要包括四大部分战略方向及目标:①帮助图书馆实现其用户群体对信息的平等获取。促进信息与知识的保存,拓展人类社会知识基础;鼓励图书馆和信息机构加强与其伙伴和用户的合作,充分利用数字技术传递服务,促进用户对文化和信息资源的无缝式开放获取。②建设 IFLA 及其成员的战略能力。③转变形象和职业地位。④代表 IFLA 全世界成员及用户的利益。2013—2014 年度,IFLA 围绕上述方向和目标在信息化方面主要开展了数字内容计划,强调在不断变化的信息环境中建立法律、技术和专业的基础来保障图书馆在对各种类型的物理和数字资源收集、保存和访问上发挥重要作用。

另外,2013 年的《IFLA 趋势报告》[7]指出了信息社会的五大趋势潮流,可以帮助我们更好地理解"十三五"期间数字图书馆发展的背景。这五大趋势分别是:①新科技是把双刃剑将同时扩大或限制信息拥有者的权限;②在线学习将均化与崩解全球教育的资源限制;③隐私权与数据保护将被重新定义;④超链社团将倾听新声音,集结新力量;⑤全球信息科技环境将透过新科技转移。

2.2 美国公共数字图书馆 2015—2017 年战略规划

2015 年 1 月,美国公共数字图书馆(DPLA)发布了 2015—2017 年战略规划[8],提出了未来三年的发展目标、核心价值和主要任务。发展目标为完成全美范围内服务中心集成网络建设,让各类机构、资源类型、资源主题得到适当呈现;全力建成技术平台使其提供多样化服务;开展 DPLA 推广计划,使其资源得到更广泛应用。核心价值为最大限度开放可共享的文化遗产,重视与多元机构和个人的合作,以及为公众提供免费、民主的知识获取。这些价值通过资源发现门户、资源聚合平台以及公共选择机会三大元素来实现。主要任务是丰富内容、研发技术、加强推广、强调用户教育、增加资金来源以及扩大发展规模。

3 国外数字图书馆发展规划对我国的启示

调研发现,近年来各国图书馆、相关组织在制订未来发展规划时普遍将数字图书馆建设放在了重要位置,并在规划文本中给出了许多建设数字图书馆的具体方法、策略。从上文调研的案例中,我们发现在数字图书馆发展上,各发展规划在基础设施建设、资源建设、读者服务、新技术应用、人力资源建设和管理、发展模式、合作等方面有一些共性的做法,值得借鉴。

3.1 做好基础设施建设

基础设施是图书馆提供服务的基础。信息时代的到来对图书馆提出了更高的要求,也要求图书馆的基础设施进行相应的改善。各国在规划中也对基础设施尤其是信息基础设施建设提出了一些规划。结合我国的实际情况，一方面可以优化馆区空间，加入信息化、智能化因素。采用 RFID、传感器、机械手等物联网技术实现图书馆馆内设施、图书的有序智能化管理，建立随时连接、随地连接、随物连接的人物互联模式，同时，为图书馆大数据组织、管理及云计算应用提供数据。另一方面，加强网络、存储设备等信息基础设施建设，增加带宽，增加存储容量和稳定性；重视信息安全问题，建立以防为主、软硬结合的网络与信息安全保障体系，大力推进国产化战略，努力推动自主可控信息技术产品的广泛应用，加强现代图书馆信息系统的安全防护工作。

3.2   进一步丰富数字资源，做好资源的保存保护和整合揭示

根据英国国家图书馆的预计，2020 年全世界 75% 的信息只通过数字形式公开，或者通过数字和纸质出版两种形式公开[9]。为此，纸质资源尤其是珍稀文献资料的数字化变得尤其重要，同时顺应数字时代发展，还应不断丰富数字资源的种类和内容。我国数字图书馆在未来发展中，一是可以发掘和建设本馆特色数字馆藏；二是要通过新技术加大对历史遗产的开发、利用，赋予其崭新的表现方式，如通过数字技术对历史遗产进行物理馆藏数字化，以视频、模型、动画等新形式呈现，使其更具交互性；三是通过对海量异构数字资源的融合、聚类和重组，使用户能够在最短的时间获取更多、更准确的信息，增强信息筛选和揭示能力，最大限度发挥数字图书馆的服务效能。

3.3   为用户提供个性化定制服务

个性化服务是互联网时代用户服务的亮点，也是热点，互联网思维要求我们重视用户体验，坚持用户至上的理念。我们应针对不同读者群进行充分的信息需求调查，利用大数据技术，为读者提供内容丰富、个性化的服务。密切联系用户，建立一套发现用户需求、了解用户困难、推送信息服务的反应机制，及时满足用户的信息和服务需求。

3.4   加大新技术的运用和转化

各国发展规划不仅从战略层面重视新技术的发展，更提出了一些具体的方向和做法。同时，我们应认识到随着信息技术的发展，单一技术对整体社会产生革命性影响已经变得越来越不可能，目前对整个社会能够产生革命性影响的信息技术大多是技术的集合，而大数据、云计算、移动互联网和物联网则是其中最为关键的几个信息技术。在将新技术融入图书馆业务发展的过程中，应从读者需求和体验出发，综合考虑这几项技术的转化应用。

3.5   加强人才队伍建设

重视高信息素养的人才队伍建设。数字图书馆建设的全面开展对人员素质提出了全新要求，在图书馆专业知识人才需求的基础上，计算机技术、网络技术、数字化技术等相关专业人才需求比重不断增大，培养和造就一批知识丰富、业务全面的复合型人才是数字图书馆建设的重中之重。

3.6   创新发展模式

在坚持公益服务的原则和范围内，尝试探索多元的发展模式。澳大利亚国家图书馆在

这方面进行了有益尝试,他们十分注重商业计划、商业合作、运营效率和利益,探索出了一条较完善的商业模式,从而既实现了政府和其他商业机构的投资回报,也为图书馆打造了良好的口碑。

3.7 开展多领域、全方位合作

合作的重要性在各国的发展规划中彰显得尤为突出。美国、日本、英国三国在其发展规划中都将合作作为一个发展目标单独提出。合作应该是贯穿在数字图书馆建设的各个方面和各个阶段的,应大力开展各方面的合作,互通有无,交流经验,在加强行业内外沟通交流的基础上,主动开展与各级政府、学校、公共图书馆及公益性机构的合作,并积极加入世界范围内的交流协作。

4 结束语

国外图书馆、国际组织等在数字图书馆方面的发展规划帮助我们了解了数字图书馆发展的现状与前景,以及制订规划时的思路、方法与特点,同时,也提供了可资借鉴的具体做法,为我们带来了启示和思考。我们应吸取国外图书馆和有关项目在数字图书馆建设规划方面的优秀做法和有益经验,结合我国文化发展的大背景和各馆实际,积极做好"十三五"发展规划的研制工作。

参考文献

[1] Library of congress strategic plan fiscal years 2011—2016[EB/OL]. http://lcweb2. loc. gov/master/libn/about/documents/strategicplan2011-2016. pdf.

[2][9] 2020Vision[EB/OL]. http://www. bl. uk/aboutus/stratpolprog/2020vision/2020A3. pdf.

[3] Living knowledge the British Library 2015—2023[EB/OL]. http://www. bl. uk/britishlibrary/ ~/media/bl/global/projects/living-knowledge/documents/living-knowledge-the-british-library-2015-2023. pdf.

[4] "我们的使命与目标2012—2016"以及"战略目标"[EB/OL]. http://www. ndl. go. jp/zh/aboutus/mission2012. html.

[5] Ambition & Opportunity:A strategy for public libraries in Scotland 2015—2020[EB/OL]. http://scottishlibraries. org/wp-content/uploads/2015/01/Strategy. pdf.

[6] IFLA 著,杨志刚译. IFLA 2010—2015 年战略规划[J]. 图书情报工作动态,2010(9):18—20.

[7] What is the IFLA tread report? [EB/OL]. http://trends. ifla. org/.

[8] Digital public library of america-strategic plan 2015 through 2017[EB/OL]. https://dp. la/info/wp-content/uploads/2015/01/DPLA-StrategicPlan_2015-2017-V2-2. pdf.

军校图书馆助推 MOOC 发展的态势分析及应对策略

乔姗姗(国防科技大学图书馆)

1　前言

　　MOOC,是 Massive Open Online Courses 的缩写,即大规模开放在线课程。2012 年,MOOC 爆发式发展,当年被认定为全球 MOOC 元年,由斯坦福大学创建的 Udacity 和 Coursera、哈佛大学和麻省理工学院联合创建的 edx 三者构成了 MOOC 发展的三驱动力。2013 年,MOOC 在中国突飞猛进,当年被认定为中国的 MOOC 元年,清华大学、北京大学、复旦大学等高校也逐步加盟。MOOC 以其开放性、大规模、在线等特点占据教学领域,其中开放性包括对学习对象的全面开放、教学与学习形式的开放性、教学内容与课程资源的开放性、教育理念的开放性。大规模是指学生规模大、参与高校多、教师以团队方式参与课程教学、大量可供选择的网络课程、大量投入。在线的特点是指可以随时随地将课程、教学内容与资源上传到网络平台,只要具备上线条件可以在任何时间、任何地点,按照自己的节奏学习,并且能够及时得到学习反馈,可以适时记录学习者的学习行为和过程。MOOC 的教学特点可以总结为如下几点:一是开放注册;二是和校园教学同步,完成同样的任务;三是由计算机自动指派任务和测验、评分;四是建立学习者小区,在线线下讨论。目前全球已经建立了 3053 个 Coursera 学习小区。在 MOOC 的浪潮中,以 MOOC 的特点来看,图书馆服务 MOOC 教学势在必行。为此,图书馆的工作方式及角色扮演会受到不同程度的影响,军队院校图书馆也要积极加入,做好准备以支持 MOOC 的顺利进行。目前,在国内关于 MOOC 的研究领域比较局限,在图书馆界的 MOOC 研究还处于初级阶段。因此,积极开展对军校图书馆在 MOOC 时代的态势及发展策略的分析研究工作,将具有非常重要的理论及实践意义。

2　军校图书馆在 MOOC 时代的定位及作用

　　如今,各高校都在积极推进 MOOC 教学模式,军队院校也不例外。作为军队院校教育有机组成部分的军校图书馆,显然要奋力参与 MOOC 建设过程,通过参与 MOOC 的建设,可以提升图书馆的地位及影响力,要真正将军校图书馆定位成军校 MOOC 教学的合作者、参与者,并非仅仅是支持者。图书馆是 MOOC 教学资源提供的主力军,MOOC 教学所需的信息资源是大规模的,图书馆可以利用自己的资源优势嵌入 MOOC 教学资源的提供者行列。图书馆也是 MOOC 教学系统平台构建的中坚力量,图书馆在系统建设方面一直处于优势地位,每个图书馆都设置了系统部,都应该在 MOOC 教学系统平台的构建过程中添砖添瓦。图书馆还是 MOOC 教学过程中咨询服务的后备队,MOOC 教学的开放性决定了图书馆咨询服务的重要性。因此,要将图书馆服务嵌入教学团队,协助各专业教师过渡到 MOOC 环境,有力助推 MOOC 在军队院校的发展。

军校图书馆在 MOOC 时代的作用可以归纳为以下几方面:

一是图书馆可为 MOOC 教学提供教学参考资源。图书馆的纸质及电子资源丰富多彩,为 MOOC 教学全过程,包括课前的教学设计及预习、课堂教学、课堂及课后作业、课外阅读等,提供多类型、多格式、多角度的课内参考及课外延伸阅读资料。

二是图书馆可为 MOOC 建设提供版权许可和清理帮助。MOOC 的开放性决定了在建设过程中会引起法律问题,比如教员用于 MOOC 教学资料的版权问题等,图书馆可以通过各种手段及方式帮助 MOOC 建设规避风险,以避免法律纠纷。

三是图书馆可为 MOOC 建设提供信息素质教育。信息素质教育是 MOOC 教学的基础,图书馆就一些基本概念及主题,如信息素养的内涵、信息素养标准的变迁、信息检索及利用等进行课程教育,为 MOOC 建设打下基础并不断助推 MOOC 的发展。

四是图书馆可为 MOOC 教学提供学习研讨空间。这主要是指物理学习空间。图书馆相对封闭而又轻松的交流空间给予 MOOC 所需的物理空间。军校的时间、空间特殊性决定了 MOOC 教学中所需空间的特殊性,相对集中、安全保密、松弛有度,正是军校图书馆具备的得天独厚的空间优势。

五是图书馆可为 MOOC 建设提供技术平台。这个技术平台主要是数字化学习平台。MOOC 的网络开放性决定了图书馆数字技术平台的重要性,无论 MOOC 的先期制作还是 MOOC 的后期使用都需要数字化网络平台。现代化的网络设施使得图书馆成为最佳场所。

六是图书馆可为 MOOC 教学提供参考咨询服务。图书馆有着历史悠久的参考咨询服务,通过此服务可以让更多的学员了解、参与 MOOC 学习。图书馆可以通过各种参考咨询服务模式将 MOOC 推送给广大师生,并且随时随地解答教员及学员的相关咨询。

3　军校图书馆在 MOOC 时代的 SWOT 态势分析

在 MOOC 蓬勃发展之时,要客观分析出军校图书馆的自身优势(S)及劣势(W)、环境带来的机会(O)及威胁(T),从而进一步研究出军校图书馆助力 MOOC 发展的各种竞争策略(SO 策略、WO 策略、ST 策略、WT 策略),如下表所示。

军校图书馆在 MOOC 时代的 SWOT 分析

外部因素　内部因素	S(优势)	W(劣势)
	1. 资源优势。图书馆具备大量纸质及电子资源,以供 MOOC 的各个环节查阅 2. 技术优势。图书馆技术部门可提供各种数据、平台处理技术 3. 人才优势。各军校图书馆都加强人才队伍建设,学科馆员的优势毋庸置疑 4. 空间优势。各军校图书馆都在馆舍的建设上下了功夫,面积、功能等都给 MOOC 的发展提供便利	1. 军队保密性要求。军队各种保密措施给资源的使用带来了不便利性 2. 馆员素质要求。嵌入 MOOC 团队给图书馆馆员提出了更高的要求,专业背景、信息素质等方面都要出类拔萃 3. 馆藏资源权限问题。由于经费问题,信息资源都有不完整性,没有购买的资源就没有使用权限
O(机会) 1. MOOC 飞速发展。新环境带来新机遇,MOOC 带给图书馆展示自己功能与服务的契机 2. MOOC 平台及教学团队对图书馆服务的需求 3. 带来图书馆嵌入教学的发展机遇	SO 策略	WO 策略
T(威胁) 1. 版权问题复杂 2. 出版商对图书馆服务 MOOC 的冲击。出版商可以越过图书馆直接和 MOOC 团队合作,可能弱化图书馆的功能及价值 3. MOOC 团队对图书馆人员及服务的信任度	ST 策略	WT 策略

其中,SO 策略是优势—机会策略,是内部优势与利用外部机会的策略,是一种理想的策略模式。当图书馆具备上述方面的优势,而外部环境又为图书馆助推 MOOC 发展提供有利机会时,可以采取该策略。如图书馆利用自身资源、技术、空间及人员优势为 MOOC 的建设及应用提供帮助。

WO 策略是劣势—机会策略,是利用外部机会来弥补内部弱点,使图书馆改劣势而获取优势的战略。存在外部机会,但由于图书馆存在一些内部弱点而妨碍其利用机会,可采取措施先克服这些弱点。例如,若图书馆人员素质不够高,在 MOOC 发展之时,可以利用培训等机会,实现人员素质的全面提高。

ST 策略是优势—威胁策略,是指图书馆利用自身优势,回避或减轻外部威胁所造成的影响。如出现版权问题时,图书馆要利用自身资源及人员优势来规避法律纠纷风险。又如,当防止出版商捷足先登或 MOOC 团队不信任图书馆时,图书馆可以利用自身优势(人才队伍的精湛,信息资源的庞大,信息技术的高深等)说服 MOOC 团队。

WT 策略是劣势—威胁策略,是一种旨在弱化内部劣势,回避外部环境威胁的防御性策略。当图书馆存在内忧外患时,往往会影响到自身名誉,此策略成为改变劣势、防御威胁的主要措施。如当图书馆人才队伍跟不上、技术相对落后,无法助推 MOOC 发展,这时将迫使图书馆采取加强人才、技术等培训,来规避环境带来的各种威胁。

4　军校图书馆在 MOOC 时代的发展策略分析

MOOC 时代,军校图书馆除了提供基本常规服务外,应该正视 MOOC 给图书馆带来的挑战。从图书馆内部角度来看,图书馆的信息资源、信息技术、馆员团队、馆舍环境等因素是与图书馆服务 MOOC 紧紧相关的。从图书馆内外部角度来看,图书馆是为 MOOC 教学服务的,军校图书馆在助推 MOOC 教学时,要与军校的各个院系进行规划,合理安排教学资源,提供独特合适的针对性服务,以及配合 MOOC 教学后期的考核工作。结合军校图书馆在 MOOC 时代的 SWOT 态势分析,具体应对策略可以归纳为以下几方面:

(1)完整的信息资源体系是基础

图书馆可以进行用户行为数据分析,随时及时准确地提供内容丰富有针对性的信息资源。在 MOOC 教学活动中,图书馆要持续长期搜集、加工并整理多种格式、多种类型的信息资源,形成一个涵盖整个教学过程的资源体系,包括课前教学设计和预习、课堂教学、课后复习及课外拓展阅读,并且要能面向多名学生及教员共享,提供实时、动态、丰富的信息资源。

(2)精湛的信息技术服务是支撑

在教学参考资源体系建设过程中,图书馆还需要改进资源展示方式,不断提升信息技术,实现与 MOOC 教学的全方位嵌入式无缝链接服务。信息技术飞速发展,MOOC 建设的各个环节都离不开信息技术,包括制作、更新、互动等环节,图书馆要提升自身的信息技术素养,尽快适应新技术环境,为 MOOC 教学活动提供有力的信息技术平台支撑。

(3)精致的图书馆员团队是保障

图书馆馆员要介入 MOOC 教学团队,不仅要做图书馆员,还要努力去做 MOOC 教学的版权顾问、信息素养导师、知识发布领航者,充分掌握学习、传播、创新知识的本领。图书馆平时要注重人才队伍的建设,可以通过多形式多批次对馆员进行基础及提升培训,包括信息素养培训、信息技术强化培训、知识产权相关培训等。同时,在 MOOC 发展之初,图书馆及馆员要做 MOOC 的推广者,承担 MOOC 的推介工作。

(4)现代的信息共享空间是辅助

为学员提供 MOOC 学习环境是军校图书馆助推 MOOC 发展的任务之一。信息共享空间将图书馆与信息技术相结合,是一种新型的信息资源组织与服务模式,营造了舒适、方便、轻松、快捷和人性化的信息服务空间。随着 MOOC 教学的推广,图书馆信息共享空间在 MOOC 教学中将发挥更重要的作用。MOOC 的开放性等特点决定了信息共享空间的使用价值。图书馆应发挥利用自身优越条件,为学员提供 MOOC 学习的场所。

(5)稳定的信息合作联盟是提升

探索图书馆与教育机构及主流 MOOC 平台服务商的合作联盟,并建立稳定的战略联盟关系。图书馆可以尝试构建跨地域、多学科的资源与系统集成平台，通过与教育、科研等机构的 MOOC 合作，不断扩展服务范围。例如，图书馆可以通过联盟平台将信息资源嵌入 MOOC 课程及 MOOC 平台，通过发现学员需求来开展个性化的信息服务。这将更容易实现与教育、科研机构的信息服务共建共享，有效保证了图书馆助力 MOOC 的可持续发展。

（6）嵌入的信息资源服务是创新

军校图书馆是为学校各院系 MOOC 教学服务的，要将自身信息资源服务嵌入 MOOC 教学的各个环节，包括设计、制作、应用、评估等，将馆内合适的信息资源有针对性、分门别类地提供给各院系 MOOC 教学团队。例如，学校某院进行信息安全的 MOOC 教学，图书馆即可将有关信息安全的信息资源搜集、整理、加工，包括纸质的和电子的信息资源，主动提供给此教学团队，真正嵌入到 MOOC 教学中来。

（7）合理的规划安排是关键

在 MOOC 教学中，军校图书馆要主动与各院系沟通交流，对 MOOC 建设进行规划，合理安排整个过程中的相关事宜，比如，沟通之后对平台设计简易程度的安排，对每个章节所需信息资源多、少、深、浅程度的把握，对每道测试题目的设计等。图书馆的价值体现在 MOOC 教学的各个方面，真正推动 MOOC 在军校内的使用。

（8）严谨的教学考核制度是重点

军校图书馆与各院系 MOOC 团队共同规划设计教学考核制度，提供定量与定性相结合的多元化考核体系。并且可以协助各院系 MOOC 团队对学员进行考核，分为课前、课中及课后的情况记录、数据收集、数据分析及效果评价。图书馆利用自身优势与 MOOC 教学团队共同制定严谨的考核制度，真正助推 MOOC 在军校的发展。

5　结语

MOOC 的发展对图书馆服务内涵及模式带来巨大影响，面临的机遇及挑战并存。国外高校图书馆积极支持 MOOC 的生产、资源获取与开发技能等方面。军校图书馆应抓住机遇，探索如何将图书馆自身优势应用于 MOOC，以全新的方式适应 MOOC，在 MOOC 环境下发挥出自身的优势。

参考文献

［1］董晓莉.MOOCs:图书馆信息服务新思路[J].图书馆建设,2014(12):48—54.

［2］于爱华.MOOC 时代背景下的图书馆服务模式创新研究[J].图书馆学研究,2014(21):81—85.

［3］傅天珍,郑江平.高校图书馆应对 MOOC 挑战的策略探讨[J].大学图书馆学报,2014(1):20—24.

［4］彭立伟.MOOCs 时代的高校图书馆:机遇与挑战[J].图书与情报,2014(3):79—86.

［5］韩炜.面向 MOOC 的高校图书馆发展战略[J].图书馆学刊,2014(9):112—115.

科技推动图书馆创新

陈　瑛　刘　民(安徽省图书馆)

1　引言

从电脑、扫描仪到 3D 打印机、可穿戴设备,从 1 月中办 2 号文《关于加快发展现代公共文化服务体系的意见》到 3 月《政府工作报告》中首次提出"互联网 +"行动计划,再到 7 月国务院印发《关于积极推进"互联网 +"行动的指导意见》,科技对人们生产、生活以及学习的影响日渐深刻。

早在 2014 年,国内外不少专家学者、权威机构就对 2015 年互联网技术的发展做出了预测。从这些趋势的发展可以看出图书馆创新服务的方向。

2　2015 年的互联网发展趋势

2.1　移动互联网云涌

2014 年是移动互联网的一个临界点,随着移动 3G、4G、Wi-Fi 的广泛应用,随时随地接入互联网已不是难事。无论国内国外,人们每天花在数字媒体上的时间增加了,而其中一半时间花在移动设备上。中国互联网信息中心发布的《第 35 次中国互联网络发展状况统计报告》显示,2014 年年底,平板电脑使用率 34.8%,网络电视使用率 15.6%,手机即时通信使用率 91.2%,手机视频使用率 71.9%[1]。而根据中国工信部公布的数据:我国移动互联网用户数已至 8.97 亿户[2],其中,智能手机用户 5.27 亿[3]。预计未来三年,中国移动搜索用户规模将保持 120% 左右的增长态势[4]。互联网与生产制造领域渗透融合步伐加快,涌现出个性化定制、按需制造、众包众设、异地协同设计等一批"互联网 +"应用新模式。2015 年,将有一大批制造企业主动拥抱互联网,作为提供公共文化服务的图书馆,也将加快与互联网的深度融合[5]。

2.2　物联网(IoT)突起

如果十年前说互联网是指 PC 互联,三年前说互联网则是在说移动互联,而现在则正在向万物互联发展。物联网发展的核心是应用创新,利用局部网络或互联网等通信技术把传感器、控制器、机器、人员和物等通过新的方式连在一起,形成人与物、物与物相连,实现信息化、远程管理控制和智能化的网络。

2.3　开放数据共享模式

中国各地在积极探索公共数据资源开放共享新模式。北京开通了政府数据资源网,上海发布了《政府数据资源向社会开放工作计划》,武汉初步建成政府公开数据服务平台。预计 2015 年将有一大批公共数据服务开放平台建成,教育、交通、旅游、食品安全、环保等与民生密切相关领域的公共数据资源率先开放,全民共享公共数据的时代即将开启[6]。

2.4　智能智慧成为潮流

互联网技术、新型感知技术和自动化技术相互融合并快速发展,带动智能制造技术在各领域的广泛应用。RFID 技术于 2004 年开始进入国内图书馆市场,相比传统"条码＋磁条"的管理系统节省了大量的人工操作,为图书的编目、图书的自助借还、读者的自助服务、快速查找图书、图书整架、快速盘点和安全防盗等方面提供了更多的智能化服务。在物联网技术和云计算技术的支撑下,城市在朝着智慧化发展,图书馆也经历从传统图书馆到数字图书馆再到智慧图书馆的变迁[7]。智慧图书馆利用有线通信技术和无线通信技术把图书馆的建筑物、管理设备以及藏书联系起来,使整个图书馆变成一个大的感知系统,实现图书馆监控和管理的一体化。通过对图书馆文献的自动定位、自动整理、自动盘点来实现借阅智慧化,通过提供信息导航、电子图书阅读、读者分析评价等,把各项孤立的服务通过物联网联系起来,建成一个具有事物处理能力、管理能力和决策技能的智慧服务系统。

2.5　O2O、3D 打印走向市场

线上和线下融合,线上营销、线下成交或线上购买、线下服务的 O2O 模式加速普及。预计 2015 年 O2O 应用创新持续活跃,一大批制造企业将通过 O2O 融合线上线下终端渠道,创新商业模式,探索个性化定制、按需制造等适应互联网时代的生产方式。3D 打印的成本未来三年将出现下降,促使低价 3D 打印机市场快速扩张。

3　人们对图书馆的期待

现在的 00 后大多是"网络时代"的"数字公民"(Digital Natives),他们生长在电脑、数码商品与网络年代,无时无刻不在接触新的数码事物。他们喜欢视觉事物、热爱线上互动。这些特色导致传统图书馆无法像过去一样,只提供馆藏资源,而是必须进行更大的改变。

国内外很多图书馆在尝试着各种形态的兼收并蓄,很多图书馆在成为社区信息中转站的同时,也变成了居民的音乐课堂、艺术课堂、编织俱乐部、写作工坊等各种空间场所。

3.1　电脑扫盲

调查显示:非网民不上网的原因主要是不懂电脑/网络,互联网知识与应用技能的缺乏是造成网民与非网民之间互联网使用鸿沟的重要原因。尽管很多读者仍想通过图书馆借书,但他们越来越强烈地希望图书馆能成为各种人群学习技术和提高数字素养的地方。哪怕只是想学习如何收发电子邮件、如何下载视频等这些简单的电脑操作,即便不了解 3D 打

印技术,也没有任何计算机基础知识,他们希望图书馆能成为这些什么电脑知识都不懂的人学习的地方。

3.2　学习共享空间(Learning Commons)

"共享空间"是指一个让人们彼此交换意见的地方,加入学习概念并运用在图书馆中,进一步提升为学习共享空间[8]。在这样的空间中,包括电脑检索室、讨论室、协作中心、休闲室等,使用者可通过信息科技的软硬件设备,如电脑、扫描机、复印机、网络设备、检索软件、数字处理软件等,以及馆员、电脑专业人员和其他信息服务人员的协助与互动,达到信息与意见的交流共享,并形成互动的研究、教学、学习、信息传递的新模式。

3.3　数字共享空间(Digital Commons Space)

华盛顿DC马丁·路德·金纪念图书馆每天最吸引人的地方是他们的数字共享空间。这里有各种电子书阅读器、触摸屏、Windows 8平板电脑、智能面板设计的3D打印机、按需图书装帧机、80个微软虚拟桌面、Skype超清网络电话工具等,每天很多人来这里体验数字服务,利用数字服务。

3.4　共享工作空间

一群来自不同公司、不同职业的人聚集在被图书馆称为大型"梦工坊"的"共享工作空间"(Co-working Space),使用这里的办公设施,如办公桌、办公室、可共用的会议室和会客室、复印和打印机、视像会议设施以及高速网络等,进行职场行为。有的图书馆为会员租户提供讲座报告、专家指导等服务。

这种全球职场新形式,解决了居家办公(SOHO)工作效率和缺乏人际交流的问题,也能帮助建立人脉,扩大社交圈。随着科技的普及,即便是在一个并不属于自己的办公室里,人们也能随时通过视讯、即时通讯、电邮等各种电子媒介,随时开会沟通、交流生意经。

3.5　创客空间

可以在图书馆内开辟一个开放区域以激励非正式场合下小组之间的协同工作,可以是一个以工作坊(Workshop)为中心的技术性空间[9],为创造性活动提供必备工具。将图书馆定位为一个激发用户创造性潜能的场所。强化它对社区成员参与协同活动的服务和指导作用。创客空间给人民提供了动手学习的机会,能增加人们知识创造的能力,让大众有机会接触到前沿的技术,例如可以用3D打印将自己的创新想法变为现实。这是新技术环境下图书馆教育功能的创新体现。

3.6　电子书平台

使用非常直观的界面、智能提醒功能、优秀的检索能力为用户(读者)提供更多更好的阅读体验。除了提供图书馆自己的电子书阅读器,还可以为读者的自带设备提供图书馆特色数字资源的下载借阅。

3.7　创新图书馆门户

电子公共文化服务需要一种全新的服务型门户网站,现在公共文化服务单位的网站建设行政色彩太浓，大部分网站的工作只是建了一个对外发布消息的网站，并没有在业务层面进行实质的互联网化，应该在应用层面上多下功夫。可以嫁接 O2O 模式，在线上发现用户、培养用户，在线下提供服务、吸引用户，这对于即便是没有商业行为的图书馆来说，也是一个有益尝试。根据移动互联网用户的特点，建立支持移动的服务模式，注重用户体验，将服务内容平台与移动互联网融合，让用户匆匆一瞥就能确认并选择使用所需服务。

4　图书馆可以或已经开始的改变

2012 年上海开始启动"文化上海云"，根据 2015 年 4 月发布的《"文化上海云"建设三年行动计划》，到 2016 年年底，上海市民可以足不出户通过电脑、电视、手机、社区大屏等终端访问上海 80% 的公共文化资源[10]。2015 年 6 月，山东在全国率先出台《关于加快构建现代公共文化服务体系的实施意见》，明确该省提高公共文化服务能力的各项详细标准和实施细则。浙江图书馆与金融公司签订协议，共同促进技术平台与公共文化服务行业的对接，实现浙江图书馆创新驱动发展和服务转型升级[11]。

现代科技是推动公共图书馆事业发展与创新的重要动力源泉。近年来，各种新兴技术不断被导入图书馆的服务与管理中，越来越多的图书馆采用自助设备、智能书架开展图书借还服务，借阅部门的工作人员有更多的时间和精力对读者的借阅需求进行解答和指导，读者也从自助服务中获得更多的自由度和成就感。移动技术的导入，加微信、手机图书馆等，方便用户远程使用图书馆功能，实现图书的预约预借、了解图书馆服务动态，还可以预定图书馆讲座座位等服务；图书馆的信息服务也能在大数据中寻找到更多更好的参考资料。

"十二五"期间，安徽省图书馆积极利用科技探索服务创新之路。2013 年安徽省图书馆成为"国家公共文化数字支撑平台项目"第二批实施单位，项目中建立了"资源共享、资源发布、网络分发、应用集成和评估管理"五个系统。采用统一的元数据标准，通过对图书馆各类资源的统一存储、统一著录、统一审核和双向交互等管理，实现资源的合理调配、检索、使用统计，构建基于图书馆为中心的公共文化数据中心。2014 年和 2015 年添置了 43 台公共文化一体机终端设备，将安徽省图书馆自建的数字资源、浙江分中心建设的部门视频资源以及国家中心下发的资源统一整合在一台终端设备上，并通过统一平台推送或更新这些资源，设备分发给部分市县图书馆，丰富了市县图书馆创新服务的手段和内容。

除了利用微信开展图书馆新服务以外，安徽省图书馆还建立了"大众文化圈"特色应用。通过 SNS 形式最大限度地突破人们在现公共文化数字支撑平台知识社区中的各种限制和障碍，拓展人们在知识社区中获取文化知识的方式，形成自己的文化交流网络和群组，达到资源共享和知识创新。"大众文化圈"不仅可以为公众提供社交的沟通平台，还可以通过整合的统一检索，为公众提供个性化、受信任、一站式的数字资源支持。

在云计算平台基础上，整合业务应用，打造一个包括总分馆应用服务、区域联盟协同应用服务、业务自动化应用服务、其他机构、横向行业集合的"业务应用服务平台"；通过建设多层次主题体验空间、数字文化流动服务车，实现创新形式的阅读体验、知识学习体验、互动休闲体验等，利用综合管控系统、分析技术，提供个性化服务。

这些建设，是安徽省图书馆"十二五"期间拥抱互联网、利用科技创新服务的探索之旅。

通过应用和系统的建设,构建省级智慧图书馆用户中心、数据中心和特色应用体系;从偏重应用建设,转向偏重中心建设;从偏重自身建设,转向偏重联合建设,安徽省图书馆在科技创新服务中不断探索图书馆发展的新方向和新职能。

5 结语

自互联网出现以来,还没有哪一种技术,像移动互联网一样,迫使企业要重新思考如何赢利客户,服务客户,留住客户。虽然不可否认"纸质书借阅仍是图书馆主营业务",但在互联网科技发展尤为迅猛的今天,图书馆人再也无法轻视科技对人们阅读行为的影响,再也无法将自己置身科技之外。

尽管为应对变化,可能会带来一些工作量。但相对来说,困难的不是制订方案而是制订出的方案如何贯彻执行,如何见到成效。很多人愿意随大流,不愿意先走一步,未雨绸缪。技术服务应该在数字图书馆设计、发展以及电子资源管理中发挥主力军作用。同时,要应对改变,需要对信息流进行追踪,需要鼓励个人对变化持续关注。

尽管不断发展的科技创新是关键因素,但是科技不是图书馆发生变化、让技术产生创造力的根本,人,才是成功的根本。工作人员的学识、态度以及行为,他们如何开展工作、如何完成分配的任务,是决定图书馆变好变坏的最重要因素。随着信息科技越来越多地使用,才智和创造力不断增长,科技会成为图书馆的创新服务持续进步的引擎和动力。

参考文献

[1] CNNIC 第 35 次《中国互联网络发展状况统计报告》[EB/OL]. http://www. guancha. cn/Science/2015_02_ 04_308533_s. shtml.

[2] 我国移动互联网用户数已达 8. 97 亿户同比增长 4. 6%[EB/OL]. http://www. cctime. com/html/2015-6- 25/20156259028612. htm.

[3] 我国手机网民达 5. 27 亿移动支付半年增长 63%[EB/OL]. http://it. sohu. com/20140721/n402515287. shtml.

[4] 2015 年移动互联网行业 11 大趋势[EB/OL]. http://www. alibuybuy. com/posts/86021. html.

[5] 互联网 + 将给传统产业带来四大变革[EB/OL]. http://www. workercn. cn.

[6] 2015 年中国信息化十大趋势报告发布[EB/OL]. http://www. ccidnet. com/2015/0113/5734253. shtml.

[7] 时彦艳. 从数字图书馆到智慧图书馆的构建[J],计算机与现代化,2013(6):192—194.

[8] 王梅玲. 大学图书馆"学习共享空间"服务品质评鉴指标建构与应用[J]. 图书馆学与资讯科学,2014 (1):101—121.

[9] 徐思彦,李正风. 公众参与创新的社会网络:创客运动与创客空间[J]. 科学学研究,2014 年(12): 1789—1796.

[10] 云端上的公共文化服务[EB/OL]. http://news. 163. com/15/0503/17/AON77HQ000014JB5. html.

[11] 浙江图书馆拥抱"互联网 +"服务入驻支付宝钱包[EB/OL]. http://www. chinanews. com/cul/2015/07- 03/7383667. shtml.

群策群力　互联馆藏

——"互联网+"背景下利用"众包"发展特色数字馆藏

王　菲(国家图书馆)

1　前言

"互联网+"概念①的提出进一步阐释了在信息时代,没有哪一个行业可以独立于互联网的发展。在"互联网+"环境下,"众包"模式已成为一个不可忽视的现象,通过互联网,用户可以没有地域、时间限制地参与到感兴趣的项目中去,为各行各业的发展提供新的思路。公共图书馆通过"众包"可以将传统业务深入到网络社区,依靠互联网,借群众的力量完成图书馆不能独立完成的任务,如收集珍贵史料、建设地方特色资源、海量资源数字化等,使更多的读者参与图书馆的资源建设。

目前,国外已有很多公共图书馆通过"众包"成功建设了各类特色数字馆藏。特色数字馆藏建设不仅可以更好地满足用户日益多元化的信息需求,也可以通过收集、保存多样化的人类文明史料,提高图书馆在互联网环境下的社会影响力。而据调查,我国的数字图书馆模式还只是传统图书馆模式的延伸,业务开展仍然主要是依靠本地的资源,整个运营模式仍然高度依赖传统的以商业出版为基础的学术交流体系[1]。在互联网时代,这种传统的数字图书馆建设和运营模式难以满足群众的多样化和个性化需求,图书馆挑战重重,一是以维基百科、谷歌学术等为代表的互联网资源的兴起正逐步取代图书馆成为新的"大众智库";二是不断增加的采访费用已为公共图书馆带来了沉重的财政负担。为应对这些挑战,我国公共图书馆需要创新"互联网+"环境下的资源建设途径,使其资源更全面翔实、更能反映互联网时代用户的需求。

2　"众包"的发展与图书馆

2.1　什么是"众包"

"众包(Crowdsourcing)"并不是一个全新的概念[2],其字面意思是"群众"和"外包"的组

---

① "互联网+"即"互联网+各个传统行业",指利用信息通信技术及互联网平台,让互联网与传统行业深度融合,创造新的发展力,由易观国际董事长王杨于2012年11月14日在易观第五届移动互联网博览会上首次提出;在2015年第十二届全国人民代表大会第三次会议上,李克强总理在《政府工作报告》中提出"制定'互联网+'行动计划"。

合,"外包"即企业、机构将其工作外包给其他公司,雇佣外部智慧一起解决某个问题,而在"众包"这个概念中,并不存在企业和员工的雇佣关系,而是群众以志愿的形式组成松散的集体,共同为解决某一问题献言献策,是基于互联网自发的志愿者活动。其特点是利用了公开征求解决方案的形式,充分发挥大众的能动性和参与度[3]。

2.2 第一座数字图书馆与"众包"

世界上第一座数字图书馆正是得益于志愿者的参与。1971 年 7 月由 Michael Harl 发起的"古登堡计划(Project Gutenberg)"[4]通过互联网将书籍数字化和归档进而进入公共领域,是世界上最早的数字图书馆。其涉及的数字化内容包括西方文学作品、期刊、乐谱、音频及其他非文本资源,其海量的工作不可能由图书馆员独立完成,在来自不同国家的志愿者的参与下,截止到 2015 年,超过 90 000 名志愿者对 49 200 本书籍进行了电子文本化。"众包"在数字图书馆建设中的力量略见一斑。

2.3 众包在现代图书馆中的应用

"互联网＋"环境下的图书馆"众包"模式涉及特色馆藏建设、数字资源管理、资源遴选采集等多个流程,使越来越多的人群参与了公共图书馆的资源建设,完成了海量文献的电子化,丰富了馆藏图片注释内容,提高了电子资源中各个元素的准确度,展现了"互联网＋"环境下公共图书馆的强大号召力。

特色馆藏建设。利用互联网用户的贡献发展特色馆藏重新定位了图书馆在知识网络时代的运营模式。较为知名的案例有纽约公共图书馆实验室(NYPL LABS)[5],其发起的"一起写菜名(what's on the Menu)"项目得到了众多历史学家、厨师、美食爱好者的踊跃参与,为其收录的纽约 19 世纪中期的 45 000 份菜单提供了编目数据之外的如餐馆名称、餐馆地址、菜品评价和菜品价钱等信息,发展了该馆的特色馆藏;除此之外,纽约公共图书馆还开展了纽约 19 世纪建筑统计(Building Inspector)、纽约 19 世纪图片 3D 化(Stereogranimator)等诸多活动,提高了其在社区的影响力。高等教育出版社评价纽约公共图书馆众包实验室"动用一切力量让公众参与图书馆建设"[6]。

数字资源管理。图书馆的数字资源管理涉及书目建设和文献数字化,将有效地提高资源管理的效率,降低管理成本。2015 年 6 月 8 日,英国不列颠图书馆正式启动"群众图书馆(LibCrowds)"计划[7],将 10 万种中文图书、2500 种中文期刊以及印度尼西亚文的文献通过"众包"方式进行文献目录的数字化,让更多人能参与到数字转换项目之中。完成数字化转换的这些书目数据将进入不列颠图书馆目录(ExploreBL),与该馆已有的 57 亿条书目数据一同呈现。在文献数字化方面,澳大利亚国立图书馆的"澳大利亚历史报纸"项目是图书馆界第一个大规模的"众包"项目[8],通过"众包"纠正了电子化的过期报纸中不能识别的光学字符(OCR,optical character recognition),实现了电子报纸的全文检索,其自 2008 年开展以来到 2010 年通过志愿者完成了 1200 万条数据的更正。类似的图书馆"众包"还有加利福尼亚大学图书馆 2011 年开展的电子报纸项目,共有 2000 名注册用户纠正了 240 行文本[9]。

资源遴选采集。面对庞杂大量的数字资源,哪些资源需要数字化,哪些资源需要优先数字化,非馆员凭一己之力能够完成的任务。在志愿者用户中不乏在各学科、技艺有专门技能和知识的人群。通过"众包",公共图书馆可吸引各个领域的专家学者对学科文献进行遴选评估。近几年兴起的"用户驱动选书模式(PDA)"可以为图书馆实施"众包"提供有益借鉴。

3 图书馆开展"众包"的要素

如何开发有特色的"众包"项目,吸引更多的社会关注,鼓励志愿者持续参与是公共图书馆实施"众包"的重要环节。澳大利亚国家图书馆 Trove 项目的负责人开展了一份"众包"项目流程的调查,总结出了关于"开展'众包'应该注意的要素"[10],见下表所示,值得我国图书馆开展"众包"项目借鉴。

开展"众包"的要素

内容	系统	流程	人力
新颖有趣	简易	清晰的目标	认可
有挑战	可靠便捷	较大的挑战	奖励
不断更新	直观	明显的进程	团队支持
广泛(历史/科学)	多重选择	可见的结果	信任

3.1 内容:新颖有趣

多数"众包"项目的内容涉及历史和科学,还有个人生活、族谱和动物等,有利于满足互联网用户的兴趣爱好,充分发挥各学科用户的力量。

在内容开发方面,图书馆可以与专业社区合作,针对不同的网络社区开展相应的"众包"项目。美国国会图书馆与广受欢迎的图片社区"Flickr"①合作开展了"馆藏图片标引"项目,充分发挥了该社区用户对图片鉴定、识别的专业知识,社区志愿者对国会图书馆馆藏的 3000 余幅没有版权的照片进行了分类、标注和评论,提高了馆藏的质量和使用率[11]。

除了确定用户感兴趣的内容,轻松娱乐的流程也有助于项目的推进。比如,有的项目将任务融入游戏当中,为枯燥的内容增添乐趣,达特茅斯学院(Dartmouth College)开发的元数据游戏,用户分组对图片添加标签,识别馆藏的图片[12]。

3.2 系统:简易便捷

系统的可用度是"众包"项目顺利进行的前提,没有志愿者愿意在运行缓慢、延迟的网站上贡献时间和精力。维基百科的经验表明,其曾在 2002 年 6 月至 7 月由于服务器性能问题造成了文章索引大幅下降[13]。因此图书馆在"众包"项目投入公众之前应做必要的可用性测试,根据征求的意见和用户反馈及时更新系统,通过负载测试调试系统的运行速度和可靠性。开发一个简答的注册过程和登录方法将会为志愿者节省更多的时间。

在系统的设计方面应考虑不同用户的特点,为志愿者提供可供选择的工作机制。如一些志愿者希望自主选择科目和志愿内容,也有一些志愿者希望有明确的步骤告诉他们该如

---

① Flickr,图片分享网站,为社区提供图片上传、存放、分类和加标签、搜索等项目。

何进行工作,因此大多数网站有"选择你的任务"和"下一步"两个选项。

3.3　流程:清晰的目标与可见的进度

据调查,半数以上的志愿者参加"众包"项目是因为个人兴趣,希望其劳动成果对社会有所贡献。因此,让用户清晰地看到项目的社会意义和进度,可以激励更多志愿者参与其中并长期保持对项目的积极性。

在项目主页应该清楚呈现项目的目标,需要阐明该项目的意义和志愿者面临的挑战及需要的条件,例如"家谱调查索引(Family Search Indexing)"项目①的主页(图 1)清楚地阐明了以上几点,即"每个人都值得被铭记,您的参与使之成为可能。不需要特殊的技能或固定的时间,您可以与我们一同帮助世上各个角落的人找到他们的家谱树"。同时,该网站还有项目介绍的动画视频,使志愿者对项目的内容和流程有更直观的认识。

图 1　美国家谱数网站"众包"项目介绍

提高志愿者能动性的最有效方式是让志愿者看到他们的努力有所成果。通过向志愿者展现项目的进度,可以提高志愿者的积极性,持续跟进项目的进度。还以"家谱调查索引"为例(图 2),项目主页为志愿者呈现了迄今为止志愿者完成的数据量(1 327 249 277),待完成的数据量(16 343 056)以及现有志愿者的人数和可供选择的项目数量。

图 2　"家谱调查索引"成果统计

---

① Family Search Indexing 是由 FamilySearch 网站发起的一项志愿者活动,将来自 110 个国家的历史图片进行电子化,包括出生证明、人口普查资料等,供志愿者予以识别。

3.4 人力:信任与激励

公共图书馆作为非营利机构,能为志愿者提供的奖励有限,但国外图书馆的经验表明,对志愿者的奖励是保证"众包"持续的必要因素。伦敦学院图书馆的工作人员表示如果不对志愿者的贡献及时予以肯定可能降低公众的参与度[14]。常见的志愿者奖励形式有在主页呈现志愿者的成果、根据志愿者的贡献呈现排名表、为突出贡献的志愿者颁发证书、提供图书馆的纪念品等。

由于半数以上志愿者带有公益性目的参与图书馆"众包"项目,精神奖励相比物质奖励更能激发志愿者的动力,比如在图书馆主页呈现志愿者的成果和排名。全民科学项目"星系动物园(Zooniverse)"①根据用户的贡献给予用户从"新兵"到"将军"的头衔;加利福尼亚大学电子报纸中心的报纸电子化众包项目定期在主页列出"首席校正志愿者"表彰对电子报纸纠正做出突出贡献的用户。

4 我国公共图书馆实施"众包"应注意的问题

我国公共图书馆引入"众包"模式具有一定的可行性:一是借助互联网的文献传递等项目为图书馆与公众的合作提供了经验;二是庞大的用户群为图书馆开展"众包"项目提供覆盖所有专业范围的人力资源;三是"数字图书馆"的推广向更多的用户普及了数字图书馆的应用,为"众包"的开展提供了技术支持。国外图书馆经验表明,有效利用"众包"无疑会有助于发展图书馆的馆藏,但由于"众包"用户众多、无偿的性质,其质量、统筹问题仍值得注意。

4.1 "众包"质量参差不齐:监督与互评

我国公共图书馆读者众多,教育水平参差不齐,"众包"项目的成果需要图书馆员予以监督、审查并出台相关的政策予以指导。较为有效的监督手段是采用用户实名注册制,不仅可以有效地统计用户贡献,同时能监督用户提供信息的真实可信度。用户互评好馆员校对环节也是保障"众包"质量的重要流程。纽约公共图书馆发起的"一起写菜名"项目就是采取用户互评机制,补充、完善其他用户提供的信息,最后由纽约公共图书馆的工作人员进行最后审核。

由图书馆员制定规范的用户指导和常见问题汇总,是确保"众包"质量的前提。澳大利亚国家图书馆的 Trove 项目制定了规范的用户指导,包括大量操作步骤的常见问题、更新变化,还为用户定期举办论坛,让大家面对面畅谈 Trove 内容和存在的问题,有效地促进了质量的提高。

---

① 星系动物园是英国研究机构 2007 年开展的天文学研究中一次规模最大的普查活动。利用志愿者通过网上图片完成了对 100 万最明亮的"疑似"星系的识别和分类。

4.2　志愿者统筹：发挥"超级志愿者"的作用

"超级志愿者"是推动"众包"项目进度的主力军，他们通常承担了一半以上的工作内容。据调查，多数情况下80%的工作由占志愿者总数10%的"超级志愿者"完成[15]。图书馆应该尤其重视该部分用户对于系统和流程的反馈，并委派"超级志愿者"负责统筹志愿者工作和回答志愿者的问题。据统计，几乎所有拥有庞大用户群的社区网站，都采用"网站管理员"的形式进行志愿者的统筹，维基百科有多达十万名注册志愿者，正是通过选派志愿者代表的形式进行统筹[16]。

4.3　项目开发与推进：机构合作与法规制定

我国图书馆在开展"众包"项目时，应积极与其他机构合作，开发全面、适合更多人群参与的项目。比如在特色馆藏建设中，应联合相关领域的研究机构、高校，发动专家的力量，参与到资源建设中。国外馆藏建设"众包"实践中，包括澳大利亚国家图书馆的数字报纸项目和美国加利福尼亚州大学图书馆的数字报纸项目中50%多的用户是历史学家；美国犹他州数字报纸项目72%的用户是家谱学家[17]。各领域的专家、研究人员可能会是我国开展"众包"初期最主要的用户群，我国公共图书馆应发起专家、研究人员的力量逐步推进"众包"项目的普及。

目前我国尚无图书馆开展"众包"项目，各图书馆标准的不统一将会成为我国图书馆运用"众包"服务最大的顾虑。诸如英国、澳大利亚等国家的政府都将网络环境下的"众包"视为政府部门（包括图书馆）拓展服务的重要途径，出台了相关法律法规，如澳大利亚政府制定的2.0 Taskforce16，用户规范"众包"服务；加利福尼亚大学电子报纸中心的报纸电子化"众包"项目依据美国《图书馆服务和技术法案》(*Library Services and Technology Act*)开展[18]。

5　结　语

在海量的数字资源面前，图书馆凭一己之力能够处理的信息十分有限，我国图书馆如果能创新资源建设流程，利用"众包"建设特色馆藏，那么互联网的每个用户都可能成为图书馆潜在的"众包"志愿者，实现跨语言、跨地域、线上线下"互联馆藏"。但在实施"众包"之前，我国公共图书馆仍面对很多问题，比如如何将用户生成内容整合到图书馆的数据中、采用自建网站还是与已有的非营利机构合作等，需要各个图书馆根据实际情况开展调研。实践出真知，相信随着"众包"这一概念的普及和实施，我国公共图书馆能够在运用"众包"发展互联馆藏的道路上不断探索，充分把握"互联网＋"带来的机遇。

参考文献

[1] 白苏红.基于众包的图书馆数字馆藏建设模式研究[J].图书与情报,2014(3):134—136.

[2-3] Howe J. The rise of crowdsourcing[J]. Wired,2006(14):6.

[4] Gutenberg[EB/OL]. http://en. wikipedia. org/wiki/Project_Gutenberg.

[5-6] New York Public Library labs[EB/OL]. http://www. nypl. org/collections/labs.

[7] 大英图书馆推众包项目,寻求中文目录翻译志愿[EB/OL]. http://ouzhou. oushinet. com/britain/20150626/197528. html.

[8] List of crowdsourcing projects[EB/OL]. https://en. wikipedia. org/wiki/List_of_crowdsourcing_projects.

[9] Jennifer A. Bartlett. Internet review:Crowdsourcing in libraries and archives[J]. Kentucky Libraries,2014,79 (2):6—8.

[10 – 13][15 – 16] Rose Holley. Crowdsourcing:How and why should libraries do it? [J]. DLib Magazine,2010, 16(3/4).

[14] Causer T,Tonra J,Wallace V. Transcription maximized:expense minimized Crowdsourcing and editing[J]. The Collected Works of Jeremy Bentham. Literary and Linguistic Computing,2012,27(2):119—137.

[17] 李书宁,方春燕. 特色数字馆藏用户参与建设模式研究[J]. 图书与情报,2014(1):59—64.

[18] Gupta,Dinesh K. & Sharma,Veerbala. Exploring crowdsourcing:a viable solution towards achieving rapid and qualitative tasks[J]. Library HiTech News,2013(2):14—20.

社会化阅读时代:图书馆的社交化平台构建
——基于国家数字图书馆、Flipboard 和豆瓣读书的对比分析

周笑盈(国家图书馆)

1 新媒介时代的社会化阅读

Web2.0 时代,图书馆也经历了从传统图书馆到数字图书馆,再到虚拟图书馆的发展历程,Charles B Blowry 博士提出,使用"虚拟图书馆""电子图书馆""数字图书馆"已不能准确地描述图书馆正在发生的变化,建议使用一个更好的词——"泛在图书馆"[1]。关于阅读时代的发展,笔者总结为从传统阅读时代到电子阅读时代,再到社会化阅读时代的发展,社会化阅读从以内容为中心转变为以用户为中心,伴随新媒体技术的发展与社交网络的发展,形成全新的阅读模式,如图 1。

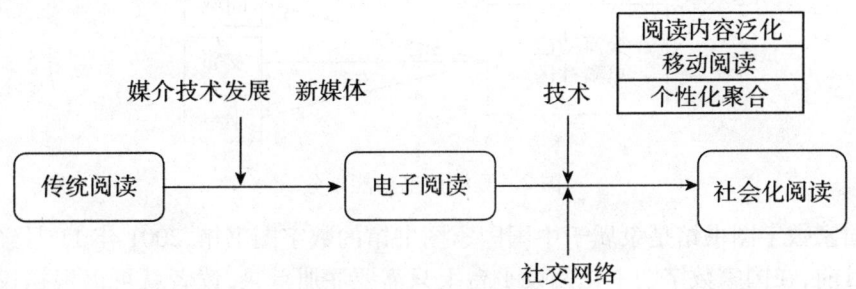

图 1　阅读时代发展过程

Web2.0 时代是以用户为中心的时代,社会化阅读产品通过碎片化的知识交流、个性化的阅读推荐和社交化的阅读互动满足了人们个性化的阅读需求。

从社会化阅读的内容上看,呈现出阅读内容泛化的趋势,其特点主要有两点:一是从读文向读图的转变;二是从精英式严肃阅读向娱乐化浅阅读的转变。

2 Flipboard、豆瓣读书与国家数字图书馆服务模式比较

社会化阅读平台的社交体系分为人书互动、社交化互动和社区互动三个部分。人书互动是基础,通过与外部社交媒体的联通,实现晒书单、名人引导等关注和分享的功能,在此基础上,通过建立和依托虚拟社区,实现虚拟社区内部的人与人之间的互动、个性化内容定制推送和线上线下活动的联通。

Flipboard 就是顺应社交阅读时代而创立的。它创立了"社交杂志"这一术语，是一种基于 iPad 平台的阅读应用，针对 Facebook 和 Twitter 等社会化媒体上的内容进行整合，再通过杂志阅读的方式呈现给读者。

豆瓣网成立于 2005 年 3 月，目前已经发展为一个注册用户超过三千万的集群评论式网站，内容涵盖了书籍、影视、音乐等多方面内容，是以青年知识分子为主要受众群体的交流社区。豆瓣读书是豆瓣网的一个子栏目，服务本着两个宗旨：一是新书推介；二是帮助读者寻找兴趣相同的朋友，建立起以人为中心的交流平台。可以说豆瓣读书是以网上图书馆形式存在的虚拟社区。

具体来说，豆瓣读书由三个部分构成，一是读书功能，二是评论功能，三是社交功能，如图 2。

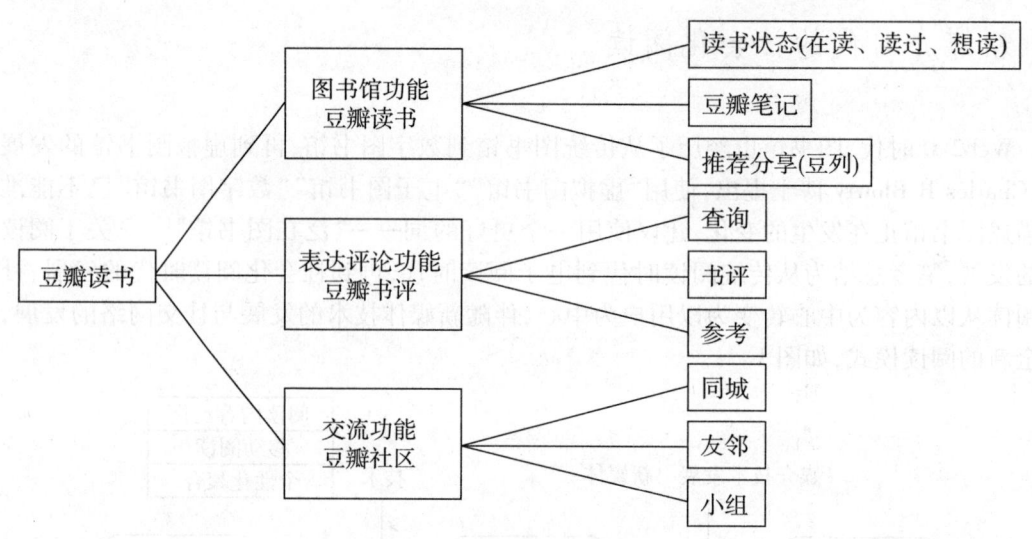

图 2　豆瓣读书功能划分

中国国家数字图书馆是隶属于中国国家图书馆的数字图书馆，2001 年 11 月经国务院批准建设。目前，在国家数字图书馆阅读平台上只需要注册登录，读者就可以根据权限访问电子图书、电子期刊、古籍、音视频、专题数据库等资源，内容包括博士论文、民国图书、数字方志、宋人文集、甲骨世界、敦煌遗珍和地方图书馆特色资源等。

笔者从用户群体属性、平台展示方式、资源量与覆盖面等方面对 Flipboard、豆瓣读书和国家数字图书馆的服务平台进行了对比。

2.1　用户群体

Flipboard 的用户群体遍及全球，整体用户群体呈现出年轻化趋势，目前月活跃用户已达到 6500 万。

豆瓣的用户群体除了学生之外，文化工作者占了主体，他们独特的生活品味决定了其对文化资本的需求远高于其他群体，所以豆瓣读书的内容也总是贴上文艺、高端、时尚的标签。

从用户的活跃程度来看，Flipboard 实现了实时更新、即时更新。豆瓣一周一次以上使用频率的用户超过了 58％。

国家数字图书馆的用户文化程度较高，在论文检索部分，在线检索的用户更呈现出了研究性特点，学历以硕士为主。对于国家图书馆的服务群体，其定位是重点为中央党政军群领导机关、重点科研生产建设单位提供服务，同时兼具为公众提供学习性阅读和娱乐性阅读的服务[2]，即国家数字图书馆的服务对象更多地涉及学术研究群体和决策研究群体。

2.2 平台信息展示与推荐

从在线书目的推荐形式上来看，Flipboard 主要采用的是基于相关用户的推荐模式（People-to-people Correlation）和基于用户知识结构的推荐模式（Knowledge-based Recommendation）。在 Web 2.0 型的图书推荐系统中，最常见的是通过追踪用户的使用记录，将用户根据其喜好的相似性进行关联，通过相关用户的使用记录进行推荐，达到协同过滤的作用。

国家数字图书馆的在线书目推荐形式主要为基于产品属性的推荐（Attributed-based Recommendation）模式，数字图书馆的读者可以通过输入来界定资料的类型：书籍、杂志、期刊、报纸、会议文集等[3]。数字图书馆推荐服务中的按分类查看以及按主题推荐就是基于资源的属性进行的集体推荐。

Flipboard 和豆瓣的推荐系统有着去"中心化"的特点，即关注的是每个用户的阅读习惯特征，为每个用户都提供发表、交流意见的平台，而中国国家图书馆的书目推荐则倚重于图书馆员和学科专家的专业知识，主要以馆员的信息单向传递为主。

2.3 资源量与覆盖面

Flipboard 中文版为读者提供了相当丰富的可订阅源。目前，Flipboard 的读者已经能够订阅 3.4 万种主题，个性数码杂志的制作数量已经超过 1500 万本，月活跃用户数为 5000 万[4]。

由于豆瓣没有馆藏支持，只提供相关链接进入付费页面，部分内容可以提供试读与免费阅读。

国家数字图书馆有强大的资源支撑，截止到 2015 年 9 月，国家图书馆共享的数字资源总量已超过 140TB，内容包括中外文图书、期刊、报纸、工具书、视频讲座和地方戏曲及海量馆藏特色古籍善本、民国文献[5]。关于搜索功能，国家数字图书馆设置了文津搜索，有效整合了国家图书馆的自建数据库和购买的各类数字服务资源，搜索的覆盖范围涉及面广，包括图书、古文献、论文、期刊报纸、多媒体等全国图书馆的资源。

整体来看，国家图书馆是国家总书库、国家书目中心和国家古籍保护中心，也是全国的目录中心和政府、学术界、一般读者的参考咨询中心，其数字图书馆服务具有综合性、研究性的特点。而 Flipboard 的平台定位更具媒体性，通过与专业出版机构的内容合作，加上用户群体丰富的原创内容，使其具有明显的媒体导向性。豆瓣则定位于小众性、人文性，其用户群体相对固定和具体，专注于为中国都市青年精英阶层提供个性化服务。

国家数字图书馆阅读平台的优势表现为：第一，推荐信息的权威性与可靠性。具体表现在对于同一主题出版物的主题推荐，能全方位反映出版物的主题要求，推荐书目多，能够满足读者深入了解的需要，馆员、学科专家提供的全文信息更具权威性。第二，获取资源的成本优势。图书馆有着丰富的实体馆藏资源，并且可实现资源免费阅览，因此能够最广泛地吸引不同经济水平的用户。第三，国家图书馆拥有丰富的专业类资源和历史文献资源储备。因其服务内容具备研究性的特点，所以在专业类资源和历史资料类部分，国家图书馆具备绝对权威性。

而与 Web2.0 时代的阅读平台相比，国家数字图书馆的缺陷在于：第一，书目的推荐系统缺乏针对性,用户选择范围过宽,不能基于不同用户实现个性化定制,不具备小众性。第二,互动体系构建不完善,信息传播方式往往为单向传播,用户被动接受,缺乏信息交流机制。

Flipboard、豆瓣阅读和国家数字图书馆阅读平台的服务模式对比具体如下表所示。

Flipboard、豆瓣阅读和国家数字图书馆服务模式对比

名称		Flipboard	豆瓣阅读	国家数字图书馆
用户阅读习惯	用户群体	面向全球呈现年轻化趋势	21—30 岁良好教育背景	整体上覆盖社会各阶层,专业服务上具有研究性、高学历特点
	在线书目的推荐形式	按用户知识结构推荐	分类推荐与主题推荐	分类推荐与主题推荐
	用户的活跃程度	即时更新	即时或每周	每月或每年
平台运营与推广	信息展示	something for everyone（头条 & 封面故事）	"新书速递"	"国家图书馆文津图书奖"
		Make it your own（我的空间）	"最受关注图书榜"	"书刊推介"
		Discover what matters, find what you want（搜索和发现你想要的）	"热门电子图书"	"工具书在线"
		Tap the + to collect what you love on Flipboard（关注）	"书评专区"	"阅读中国"
		Find & Subscribe to magazines（查找订阅杂志）	"我读"和"豆瓣猜"	
	购买阅览	具备电商的功能,如设有商品新品发布的杂志式广告	购书链接电商、可实现二手书转让	在线免费阅览服务
	评价互动	完全以用户为中心,根据用户的打分、收藏、推荐和阅读次数,普通用户制作的个性杂志就可能被推上Facebook首页	通过"评分系统""书评人""小站"发布出书计划、和读者交流、宣传推广活动	用户指南、读者意见、读者推荐和反馈机制,但交互性不强,基本上是从馆员—读者的单向传递方式
资源量	覆盖面	全部为用户生产内容,覆盖面广	提供相关购买链接,时效性强	强大馆藏资源支撑,权威性强
	来源	UGC、社交媒体	UGC、专家	专家、馆员
市场运作与盈利模式		投放广告、用户付费订阅	小幅静态广告、链接电商抽取佣金	全部免费

3 国家数字图书馆受众服务对策分析

从目前新媒体发展和全球社会化阅读的趋势来看,社交化阅读平台的构建是大势所趋。公共图书馆应顺应时代潮流,尝试在原有数字图书馆基础上建设社交化阅读平台,打造互动式阅读社区。公共图书馆的数字阅读平台应引入整体运营理念,将公共文化服务理念、设计和内容构建成一个统一的社区,实现馆员服务对象的细分,使参考咨询工作具备小众化、精确化特点。在具体实施方面,借鉴 Flipboard 和豆瓣阅读简洁的界面风格和分享概念;综合社交媒体的元素,将虚拟的人与人的社交关系引入数字图书馆;打造小众化虚拟社区,使具有相同研究方向用户产生联系,实现参考咨询的个性化服务;对数字文献进行二次、三次编目与分类,细分用户需求,精确内容提供。同时,公共图书馆也应扬长避短,以提升读者阅读素养、引导"深阅读"为己任。

3.1 转变服务理念,注重个性化服务

在传统图书馆的阅读推广活动中,往往采用"灌输式"的推广方法,即将阅读推广活动作为一项教育活动,强调指导和灌输,主要目的是培养读者良好的读书习惯和读书品味,方式一般为列举推荐书目的目录,该方式仍摆脱不了"自上而下"的灌输模式,脱离读者的弊端十分明显。

图书馆应转变传统的服务理念,将工作的落脚点放在深度了解用户需求上,让读者成为图书馆阅读推广的主角,对其他读者产生触动和正面的引导作用,激发读者之间的良性互动。

3.2 提升 UI(User Interface 用户界面)设计

笔者从国民阅读调查数据中发现,现代社会人们追求的是纸质书阅读和快节奏便捷生活的结合,所以说,提供类似纸质书般的阅读体验和方便快捷的使用体验成了数字阅读竞争的重要因素,国外的 Flipboard、国内的 ZAKER 等社会化阅读平台采用的是杂志式排版,风格媲美杂志,简洁精美。目前国家数字图书馆的界面设计可以提供书签、字号、书架等功能,在诸如翻译(针对外文书籍)、正文检索、Wi-Fi 传书、离线阅读等功能方面,有待提高。

UI 设计中最重要的就是用户体验设计(User Experience),应在对用户进行深度观察和访谈后,分析读者的使用习惯,不仅要提供精美的页面、流畅的阅读和智能的操作,更重要的是要提供纸质书般的阅读体验,另外,同一本书的不同语言版本和专门为老人、儿童、残疾人等特殊群体提供的特殊版本(如语音版、盲文版)同样重要。

3.3 打造互动式阅读社区

图书馆现有的数字阅读服务模式一直采用单平台、分散的推广方式,与社交新媒体的跨平台合作是实现社会化阅读的必然途径。图书馆可以建立自有数字化阅读社区,或与目前已有的社会化阅读平台或社交媒体进行合作,实现书评信息和圈子信息的共享,也为今后的大数据分析和个性化定制提供资源。例如南京大学图书馆,该馆通过 Book + 平台与豆瓣读书实现了互联互通,通过信息共享,用户能够看到豆瓣读书上的书评以及书评的回应信息,从而能够为本馆用户的借阅行为提供指导。

具体操作方面,设置"学者圈"或"学术组织圈"。在"学者圈"中确定圈内学者的姓名及其单位,自动汇集其学术成果,读者可及时准确锁定跟踪"学者圈"内的新动向、新成果,并有机会和圈内人物保持交流。"学术组织圈"按单位名称汇集研究成果,学者可按单位跟踪研究进展,了解研究单位的总体科研布局、团队发展等各方面的情况。

在个人馆服务中引入 My Library 概念,设置"好友分享""书评""收藏""社区"(或"圈子")等版面,实现与社交媒体的互通,根据不同的内容话题,设置不同的社区,如可根据学校、学科或根据兴趣爱好群(摄影、电影、诗歌等)进行分类设置,在虚拟社区内推送不同的消息和定制信息,方便社区内读者互动交流。

3.4 深度挖掘阅读行为,提供个性化内容服务

首先图书馆应有针对性的对部分特藏文献进行二次编目和三次编目,给读者自由设置数字读物标签、分类和排序的权利,这种随意的标签分类,可提高冷门信息和小众传播力度。

其次,图书馆对本馆的用户借阅行为数据以及读者在现有互动平台上的行为数据进行深度分析,了解用户感兴趣的阅读对象、用户阅读行为特征以及社交特征,实现个性化的阅读推荐。

另外,豆瓣阅读、ZAKER、印象笔记等平台拥有大量的图书信息、用户信息、书评、笔记、论坛帖子等数据,这些数据隐藏着许多暂时还没有被发现的有价值信息。图书馆可以与这些平台合作,充分利用该平台聚集的用户行为数据,发现用户阅读特征和交流规律,为本图书馆的用户提供推荐和服务。

具体来说,从四个方面提供内容服务:

对中文采购、外文采购与数字资源采购部门:可通过对国家数字图书馆访问历史的收集和使用情况的收集,预测读者关注热点,为有效评估图书馆已有文献的质量以及读者对未购买文献的需求提供支持。有针对性地对部分特藏文献进行二次编目和三次编目,特别是冷门学科,还有针对特殊人群的文献编目和细分,另外,可实现读者在线自定义书签功能。

对参考咨询部门:可针对不同读者进行个性化服务,如跟踪服务、精准服务、知识关联服务和宣传推广服务。具体如建立主题推送服务系统、行业、学科专业数字图书馆、协同研究平台等。

科研服务部门:可为学术研究提供研究热点和动向变化。通过对读者的学术论文、科研论文的搜索情况进行汇集,宏观上分析出相关领域研究热点和动向。

国图自建资源:例如国图公开课 MOOC 主题的设置,利用大数据分析平台对读者关心的主题(如借阅图书的主题搜索)进行分析,得出用户最感兴趣的主题名单,以此为参考设置

MOOC 的课程主题。其次是将社交化阅读平台嵌入 MOOC 教学,在课程中引入在线互动,与社交媒体打通,实现上课过程中的实时分享与评论功能。

3.5 线上线下相结合与跨平台合作

引入 SoLoMo 营销模式,该模式在图书馆推广研究中倍受青睐,"SoLoMo" 的意思是将 Social(社交)、Local(本地化)和 Mobile(移动)这三个词融合起来,从社交媒体到线下服务,再到移动服务[6]。图书馆在掌握大数据的前提下,通过引入全 SoLoMo 营销模式,将线上的阅读、发言、评论、共享转化为级别,在线下可换取奖励或资格。讲座、书友会、读书会、沙龙等活动在个性化圈子中按地域不同进行宣传和推广,对在线读者关注多、在读者中引起一定反响的作品或主题,组织读者线下交流。

另外,顺应社交媒体"微传播"的时代特点,图书馆的推广活动也应掌握"微模式",如通过微电影等建立图书馆的"微资源体系"。

参考文献

[1] Charles B Lowry. Let's call it the "ubiquitous library" instead[J]. Portal:Libraries and the Academy,2005,5(3):293—296.

[2] 李致忠. 提高公众图书馆意识发挥各类图书馆作用[J]. 北京图书馆馆刊,1996(2):1—7.

[3] 范旭. 以豆瓣网和中国国家图书馆为案例的网上书目推荐系统研究[J]. 图书馆学研究,2008(8). 44—48.

[4] Flipboard 再推出网页版,横跨手机、平板、电脑端皆可使用[EB/OL]. http://technews. cn/2015/02/12/flipboard-comes-to-the-web/.

[5] 魏大威:数字资源共享的资源总量已超过 140TB[EB/OL]. http://www. ce. cn/culture/gd/201509/23/t20150923_6560284. shtml.

[6] 谢蓉,刘炜. SoLoMo 与智慧图书馆[J]. 大学图书馆学报,2012(3):5—10.

数字图书馆专网设计与实现

路龙惠(国家图书馆)

1 引言

按照文化部、财政部的要求[1],2011 年国家图书馆启动了推广工程虚拟网的建设,IP-SEC VPN 以其组网方案投入小、建设快、扩充便捷等优势,成了首要的推广工程专用网络组网方案。截至 2012 年 10 月,推广工程虚拟网已经连通 24 家副省级以上图书馆,实现了 20 余种中外文数据库资源依托虚拟网向福建、黑龙江、浙江等图书馆提供服务,但随着推广工程建设的推进,加之传统图书馆的业务交互不断扩展,各地图书馆的互联网既承载普通互联网服务,又承担图书馆间业务系统的虚拟网互联。因此,依托互联网链路的 IPSEC 虚拟网在可用带宽、传输速率、稳定性等诸多方面不再满足推广工程建设的要求。要突破虚拟网的瓶颈,满足数字图书馆开放式、联合式的发展需求,通过专线的方式组建数字图书馆专网,且实现与原推广工程虚拟网链路的互相备份,是提升推广工程网络服务体验的唯一方法。

2013 年国家图书馆启动了数字图书馆专网建设,在原有推广工程虚拟网之外,建设一条从国家图书馆直连到各地省馆的独享网络,从而弥补共享带宽模式在速度、安全性等方面的不足,为全国数字图书馆提供一个强大的网络设施平台,能够承载大容量、高质量的数据传输,能够实现大型、分布式系统的互联互通,能够为云计算、物联网等技术的应用提供网络环境,是实现全国数字图书馆系统互联、业务整合、服务协作、可持续发展的网络设施保障。

数字图书馆专网建设不同于常见的租用运营商互联网带宽,而是选取基于电路交换技术的光传输网络,为数字图书馆推广工程提供独享信道级网络。专网建成之后,国家图书馆的专线带宽为 2.5G,各省级馆到国家图书馆的专线带宽为 155M。同时,专网建设将采用一定的安全访问控制手段,保证国家图书馆及接入专网的省级馆自身的内网安全。

2 数字图书馆专网建设面临的挑战

2.1 实现技术类型复杂多样

专网实现的技术复杂多样,优缺点也各异,选择哪种技术作为组网核心技术,是数字图书馆专网建设的一个关键问题。目前,较为主流的专网实现技术有 SDH、WDM、OTN、PTN。

SDH 即同步数字体系技术,以同步传送模块(STM-1,155Mbps)为基本单元。SDH 具有良好的稳定性、10Gbps 的高速率以及高质量、高可靠性的传输通道等[2]。

WDM 即波分复用技术。WDM 具有超高的系统容量和资源利用率,结构简单、信息传送透明[3]。WDM 是作用于光层的技术,没有电层的处理,灵活性稍差。

OTN 概念最早由 ITU-T 于 1998 年提出,OTN 具有强大的电层交叉能力、良好的运维管理能力以及快速、可靠的大颗粒业务保护能力[4],但目前 OTN 设备还存在一些交叉容量偏小、网络的智能化不足等不尽如人意的地方。

PTN 即分组传送网技术。PTN 具有灵活的组网调度、较强的 OAM 能力以及快速保护能优点。多适用于小颗粒 IP 业务的灵活接入、业务的汇聚收敛,而不擅长对大量的大颗粒业务的传送[5]。

2.2 各地图书馆网络建设情况差距较大

在开展数字图书馆专网项目前,项目组对各省图书馆的网络建设情况开展了调研,发现各图书馆网络发展情况差距较大,除浙江、山东、黑龙江、海南、宁夏回族自治区这五个地区外,大部分图书馆还未开展或部分开展了省内的网络建设。以国家图书馆为中心节点的数字图书馆专网建设如何在各地区情况各异的网络建设现状的情况下顺利开展,这也是实施好专网建设面临的一项挑战。各地图书馆的网络建设情况如下(本调研数据为开展数字图书馆专网建设前的各地图书馆网络建设情况,调研时间点为 2013 年 5 月)。

东部地区的浙江、山东已基本形成省内的公共图书馆 VPN 网络,其中浙江省每个地市图书馆节点和省图书馆节点之间部署两条传输线路,1 条 MSTP 专线,1 条通过互联网接入的 IPSec VPN 线路;山东省实现省内虚拟网的全覆盖;天津、福建、上海、辽宁等地区实现了省内虚拟网的部分联通。

中部地区的黑龙江、海南已基本形成省内的专用网络。黑龙江省图书馆也已基本建成覆盖省、地市、县三级公共图书馆的 VPN 虚拟网络,通过共享互联网带宽实现资源的共享;海南连通省内 22 个市(不含三沙市)县图书馆的 10M 数据专网。

西部地区的宁夏回族自治也已基本形成省内的专用网络,区内所有地市县图书馆均与宁夏回族自治区图书馆通过专线连接;广西壮族自治区、贵州、陕西等地实现了省内部分图书馆的虚拟网连接。

2.3 专网建设要求高

(1)高可靠性要求

数字图书馆专网组网技术需要具备高可靠性,达到低延迟、低抖动和低的数据包丢失,从而满足数字图书馆推广工程各业务系统的数据传输要求。

(2)实用性要求

数字图书馆专网建设应充分考虑实际需求和费用,具有高性价比。

(3)安全性要求

数字图书馆专网建设应统一考虑网络安全策略,整体考虑专网的安全性。通过区域安全控制和边界安全策略等提供可靠的数字图书馆服务。

(4)可扩展性要求

根据未来应用的增长和变化,数字图书馆专网组网应可以平滑地扩充和升级。

(5)灵活性要求

数字图书馆专网组网技术应支持 IPv4 和 IPv6 的大型的动态路由协议如 IS-IS、BGP、OS-

PFv3 等,支持策略路由功能,保证网络之间的平滑连接。

(6)技术先进性要求

数字图书馆专网组网技术以先进、成熟的网络通信技术进行设计及实施,相关的技术均要符合国际标准。

3 数字图书馆专网架构及组网技术实现方案

3.1 数字图书馆专网组网技术选择

数字图书馆专网承载业务种类既有图文数据,又有语音视频,且业务总量伸缩性较大,业务的丰富性带来对网络带宽的更高需求,直接反映为对传送网能力及性能的要求。且数字图书馆专网的组网范围是连通全国各地图书馆,建设的终极目标是形成以专网为骨干以虚拟网为基础,连接省市县数字图书馆、乡镇综合文化站、村级文化活动室,服务覆盖全国的公共文化网络体系。经过对 SDH、WDM、OTN、PTN 等各种组网技术的比较分析、对各地图书馆网络情况的调研以及对专网建设要求的分析,SDH 技术无论从安全性、传输质量、可靠性方面都可满足推广工程数字图书馆专网的多业务及保护要求,更加适合数字图书馆专网,因此,数字图书馆专网建设可选用 SDH 技术进行网络构建。

3.2 数字图书馆专网网络架构

数字图书馆专网的整体网络架构为(图1):利用专线实现各节点的互联互通,组成国家图书馆到省馆的网络。国家图书馆作为数字图书馆专线组网的网络中心,与各个省馆之间能够在专线网上相互通信。

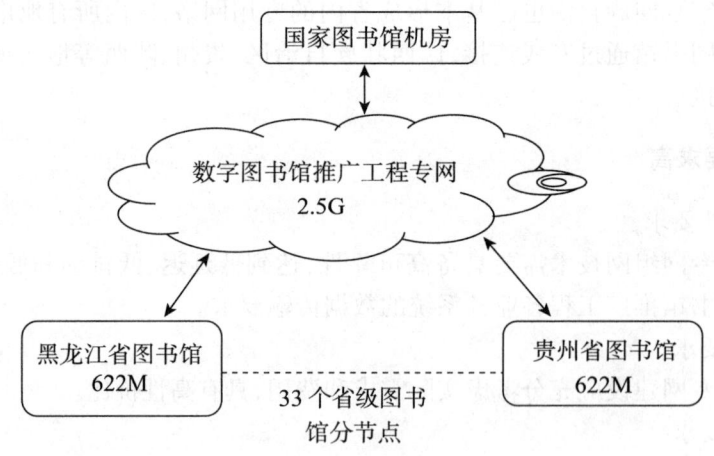

图 1　专网结构示意图

3.3 数字图书馆专网组网技术实现方案

3.3.1 网络拓扑

数字图书馆专网采用 SDH 专线完成各省级数字图书馆与国家图书馆间的互联互通,同时结合原有 IPSEC VPN 组网模式[6]实现各业务系统间的主备模式。广域网拓扑结构设计如下：

如图 2 所示，数字图书馆专网采用星型拓扑结构，整个网络分为国家图书馆及各省级图书馆两级结构，国家图书馆作为中心节点，下联 33 个省级图书馆。各省级图书馆通过联通 155Mbps 专线点对点的方式连接至国家图书馆，各省级图书馆及国家图书馆将新增 POS 接口路由器实现互联。省级接入路由器内网口接入省级现有局域网核心交换机，并在核心交换机上针对访问到国家图书馆端的路由指定接入路由器内网口 IP 地址为出口网关，同时通过设置路由优先级实现与 IPSec VPN 接入链路的主备切换。

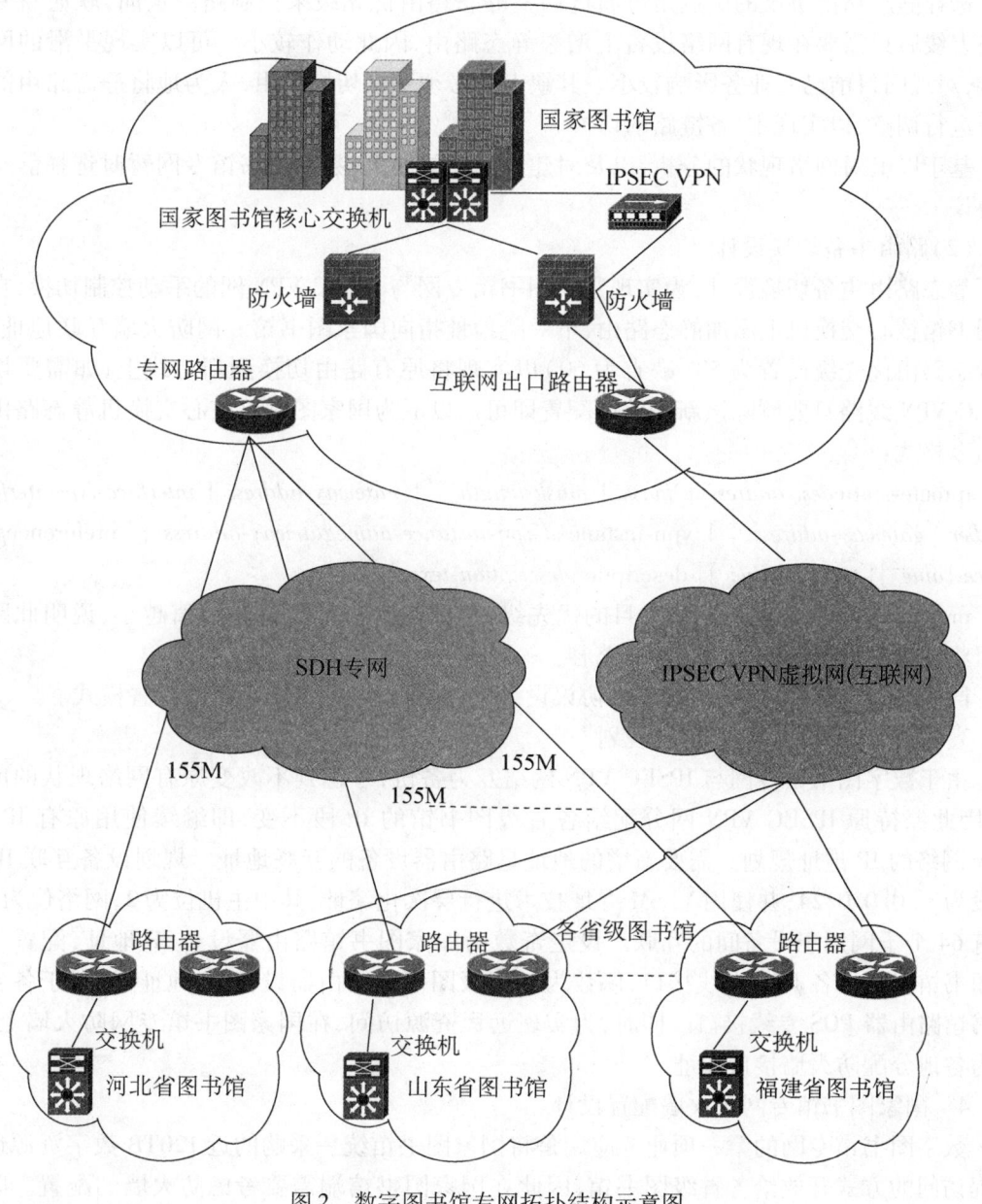

图 2　数字图书馆专网拓扑结构示意图

3.3.2　数字图书馆专网路由设计

（1）路由协议的选择

在路由协议规划上有两种选择，一是选用 OSPF 动态路由协议[7]，二是选用静态路由协议[8]。

选择 OSPF 协议的优点为可实现数字图书馆专网与原 IPSEC VPN 网络的路由自动切换，但由于国家图书馆网络环境较复杂，在需要保证现有业务可用性的前提下，将全网路由协议更改为 OSPF 其涉及的网络设备较多、动作较大，并且各省级图书馆的接入设备需要支持 OSPF，建设要求较多。

选择静态路由协议的优点是可通过调整静态路由优先级来控制路由走向，联通新专线链路上线后只需要在现有网络设备上增添静态路由，因此动作较小。可以实现平滑的网络割接，对现网目前已有业务影响较小。其缺点是必须手工切换路由，人为地将静态路由的优先级进行调整，以实现主、备链路的切换。

基于以上对网络现状的分析，以及对建设周期的要求，数字图书馆专网暂时选择静态路由协议。

（2）路由主备切换设计

静态路由主备切换设计：为实现数字图书馆专网与 IPSEC VPN 网的手动控制切换，在国家图书馆核心交换机上添加静态路由，下一跳地址指向国家图书馆专网防火墙互联地址，并将静态路由优先级设置为 50（缺省为 60）以实现将原有路由切换到新专线上，如需要切回 IPSEC VPN 线路只要删除该新增路由配置即可。以下为国家图书馆核心交换机静态路由配置命令格式：

iproute-static*dest-address* ｛ *mask* ｜ *mask-length* ｝ ｛ *gateway-address* ｜ *interface-typeinterface-number* ［ *gateway-address* ］ ｜ vpn-instanced-*vpn-instance-namegateway-address* ｝［ preference*preference-value* ］［ tag*tag-value* ］［ description*description-text* ］

preference 用以表示此路由条目的优先级，范围为 1—255。优先级值越小，说明此路由条目将被优先选择为去往目的地的路径。

同理，各省级图书馆在考虑路由协议设计上，也可仿照国家图书馆的配置模式。

3.3.3　数字图书馆专网 IP 地址规划

由于数字图书馆专网与 IPSEC VPN 网络互为备份，考虑到不改变原有网络现状的前提下，因此保持原 IPSEC VPN 网分配给各省级图书馆的 IP 段不变，即继续使用原有 IPSEC VPN 网络的 IP 地址规划。需要新增的地址是路由器设备的互联地址。规划设备互联 IP 地址段为 *.0.0.0/24，并使用 VLSM 寻址技术进行层次化编址，其中主机位为 2，网络位为 30，则有 64 个子网用于设备间的互联。设定奇数为国家图书馆路由器设备 IP 地址，配置于国家图书馆路由器各 POS 专线接口，偶数为各省级图书馆路由器设备 IP 地址，配置于各省级图书馆路由器 POS 专线接口。同时，为实现远程资源访问，在国家图书馆专网防火墙上，需要为各地分配防火墙接口地址。

3.3.4　国家图书馆专网防火墙配置设计

数字图书馆专网的第一项业务应用是将国家图书馆统一采购的近 120TB 数字资源通过远程访问的方式开放给各省级图书馆，因此在国家图书馆端需要考虑防火墙的配置。防火墙的工作模式分为路由/NAT 模式、透明（桥）模式以及混合模式[9]。基于网络结构清晰明朗、路由跳数少,同时考虑到与专网的接入环境,以及 NAT 的需求,设计中防火墙采用路由/NAT 模式。

(1)基础配置

在国家图书馆专网防火墙上创建 inside 安全域与 outside 安全域,在配置模式下检查安全区域是否配置正确。配置防火墙与路由器互联地址,配置防火墙与国家图书馆内网核心交换机的互联地址。

(2)创建静态路由

创建静态路由,并在配置模式下检查路由是否创建成功,模式如下:

ip route-static 0. 0. 0. 0 0. 0. 0. 0 192. 168. *. *   //默认路由指向核心交换机

ip route-static 10. *. 0. 0 255. 254. 0. 0 *. 0. 0. 1   //去往省馆指向防火墙上联路由器

(3)NAT 地址池配置

以厦门馆为例:

nat address-group 1guotuoutnat 10. 100. 1. * 10. 100. 1. *//设置国图访问省图时转换后的地址集

nat address-group 10 xiamennat 192. 168. 79. * 192. 168. 79 *//设置厦门访问国图时转换后的地址集

(4)资源 NAT 配置

国家图书馆为各省级图书馆开放的数字资源有两种类型,一种是基于固定 IP 地址的数字资源,另外一种是只能基于域名来访问的数字资源。基于固定 IP 地址的数字资源通过配置静态 NAT 转换实现,基于域名来访问的数字资源通过获得所有动态 IP 段,建立 IP 地址集来实现访问(稍候叙述)。基于固定 IP 地址的 NAT 转换:

nat server 0 zone outside global 10. 100. 1. 1 inside 192. 168. 180. *//资源 1

nat server 1 zone outside global 10. 100. 1. 22 inside 165. 215. *. *//资源 2

(5)创建 IP 地址集

ip address-set xiamensub type group

address 0 10. 135. *. 0 0. 0. 0. 255//设置 IP 地址集 xiamensub,匹配厦门地址段

ip address-set xiamensrcnat type group//设置 IP 地址集 xiamensrcnat,匹配资源网站

address 0 69. 32. *. 0 0. 0. 0. 255 description galeshujuku1//资源

address 1 76. 12. 47. * 0 description EAImeiguo1//资源

address 6 10. 100. 2. * 0 description zhongwentushu//资源

ip address-set guotusub type group //设置 IP 地址集 guotusub,匹配国图内网地址段

address 0 192. 168. 0. 0 0. 0. 255. 255

ip address-set shengtusub type group //设置 IP 地址集 shengtusub,匹配省图地址段

address 0 10. 102. 0. 0 0. 1. 255. 255

(6)配置省馆外网地址与国图内网地址的 nat 双向转换策略

nat-policy interzone inside outside inbound //设置入接口方向的 nat 转换策略

policy 1 //设置策略序号 1

action source-nat//设置对原地址进行转换

policy source address-set xiamensub//设置匹配原地址为厦门地址段的数据

policy destination address-set xiamensrcnat//设置匹配目的地址为资源网站的数据

address-group xiamennat//设置对匹配数据 nat 转换后的地址为地址集 xianmennat

#

nat-policy interzone inside outside outbound //设置出接口方向的 nat 转换策略

policy 1 //设置策略序号 1

action source-nat//设置对原地址进行转换

policy source address-set guotusub//设置匹配原地址为国图地址段的数据

address-group guotuoutnat//设置对匹配数据 nat 转换后的地址为地址集 guotuoutnat

（7）对防火墙入方向和出方向数据进行限制的策略配置

policy interzone inside outside inbound //设置入方向策略

policy 1 //设置策略号 1

action permit //设置动作为允许

policy source address-set shengtusub//设置匹配原地址为省图地址集的数据

#

policy interzone inside outside outbound //设置出方向策略

policy 1 //设置策略号 1

action permit //设置动作为允许

policy source address-set guotusub//设置匹配原地址为国图地址集的数据

3.3.5 网络安全策略规划

国家图书馆及各省级图书馆路由器均支持访问控制列表，可以根据项目的需求在路由器上配置访问控制策略。针对不同的业务实施相应的访问控制策略，这样能够做到安全隔离的目的，有效避免未授权访问关键业务和扰乱网络正常运行等情况的发生。

另外，国家图书馆端在核心交换机与专网路由器之间增加了专网防火墙设备，可以实现国家图书馆与各省级图书馆的边界的访问控制与隔离防护；可以与相连的路由器、交换机等设备实现无缝衔接，在保障业务正常通讯的同时，也可以实现网络故障的快速收敛。至少包括以下安全策略：

（1）隔离安全区域

通过防火墙划分不同的安全域，实现各安全域之间的安全隔离，提高外联网网络区域的整体安全性。

（2）访问控制策略

在防火墙开启详细的访问控制策略，根据源地址、目标地址、协议、端口号以及时间、用户等因素进行判断，对于符合访问控制规则的数据包给予转发，否则丢弃，通过该策略限制了各区域之间的非法访问。

（3）抗攻击策略

在防火墙系统上，也可以启用抗攻击策略，主要是针对一些常见的拒绝服务攻击等，包括 land、Smurf、Pingofdeath、winnuke、tcp_sscan、ip_option、teardrop、targa3、ipspoof 等，对外部终端的访问进行深度分析，对于出现上述攻击行为给予直接的阻断。

（4）日志记录策略

防火墙设备也可开启日志记录功能，对设备自身的操作日志、穿过设备的连接日志进行记录,在连接日志记录的时候,应对重要的访问进行日志的全程记录,而非重要的一般访问则可不记日志,以减轻日志分析处理压力。

3.3.6　QoS 和安全访问控制设计

(1)数字图书馆专网承载业务类型

数字图书馆专网建设完成后将承载多种数字图书馆推广工程业务,包括统一用户管理系统、唯一标识符系统、中国政府公开信息整合服务平台、文献数字化加工系统、文津搜索系统等,业务类型及数据类型多样,因此要求专网具有一定的应用服务能力,如用户可根据需要自定义各应用服务质量保证优先级等。而各类业务承载的数据类型各有特点:

①语音系统对网络传输要求较高,延迟超过150ms 就会出现断音,因此要实现好的效果就需在带宽和延迟上加以保障,建议将其作为最关键业务进行保障;

②视讯业务按照清晰度来计算,4CIF 的图像清晰度占用带宽为1Mbps,高清为1—2 Mbps,而且视频对传输的要求高,建议其作为关键业务处理;

③数据业务主要以办公和业务系统为主,带宽占用较大,而且使用的人数众多,建议其作为非关键业务处理。

随着数字图书馆推广工程业务的开展,可以预见链路拥塞情况加重,会影响语音、视讯关键业务的传输质量。因此需要重点考虑 QoS 的部署,以达到对网络的基本要求。

(2)QoS 规划

CCITT 最初给出定义:QoS 是一个综合指标,用于衡量使用一个服务满意程度。QoS 性能特点是用户可见的,使用用户可理解的语言表示为一组参数,如传输延迟、延迟抖动、安全性、可靠性等。

数字图书馆专网中主要包括数据、视频和语音,因此需要对现有业务系统进行分类,才能更好地保障业务的开展。在完成区分业务应用类型后,对其可能的流量进行划分和标记,并对整个广域网进行流量的监管和整形,即对于 SDH 专线网络来说,带宽是有限的,而入口带宽总是大于出口带宽,需要对入口和出口进行限制和整形,以保障关键流量的顺利转发。对于数字图书馆专网的整体 QoS 部署,将根据不同层次进行部署,主要在广域网设备上配置,来实现对数字图书馆专网关键业务的保障。

在国家图书馆路由器的 SDH 出口及省级图书馆路由器的 SDH 出口启用 QoS,保障关键业务流的转发,设计如下:

对于视频流量的业务,在国家图书馆的专网路由器上启用 ACL 识别视频流(如视频服务器的 IP 地址),打上优先级 DSCP 标记 AF31;并启用 CBQ 或 PQ,将视频流放入到高优先队列中,优先转发,直到发送完后才发送其他类对应的队列的报文。在各省级图书馆专网路由器上配置 QoS 策略,首先启用 ACL 识别视频流(如视频会议终端的 IP 地址),打上优先级DSCP 标记 AF31;再启用 CBQ(基于类的队列),将其引入 CBQ 的紧急队列,由 CBQ 进行队列调度,抢占足够带宽,优先转发紧急队列中的报文,直到发送完后才发送其他类对应的队列的报文。

对于语音类流量,与视频流的实现方式类似,将其流量打上优先级 DSCP 标记 AF41 即可,其他相同。

对于数据业务,可将数据业务标记为0,尽力转发。

4 结语

数字图书馆专网的建设能够从根本上解决各图书馆互联网出口带宽紧张的状态,使很多交互业务可以通过专网来进行数据传输,为各图书馆节省因达到推广工程要求而新增支付的高额带宽租用费用。同时,专网的建设,使读者远程资源访问从共享互联网带宽转变为独享信道带宽,不仅能够提升读者访问体验,还能通过安全的加密机制,保护读者信息的安全性,是我国公共文化服务能力的提升。截至 2015 年年底,已经有 34 家图书馆实现了与国家图书馆的专网连接,数字图书馆专网基本建成。在数字图书馆共建方面,专网的建设可以加快推进国家数字图书馆工程的成果转换,例如文献数字化加工系统、唯一标识符系统、统一用户管理系统等系统的部署与大数据量传输可通过专网来实现,将国家对数字图书馆工程的投入尽快得到应用,产生较好的投资回报。

参考文献

[1] 财政部、文化部关于实施"数字图书馆推广工程"的通知[R],2011.

[2] 吴伟青. 光传输 SDH 网络的可靠性评估及其带宽整理的研究[D]. 上海:上海交通大学,2006.

[3] 吴迪. 基于 OTN 技术的城域传送网组网研究与设计[D]. 南京:南京邮电大学,2012.

[4] 刘汉生. OTN 技术及其在电信传送网中应用的研究[D]. 南京:南京邮电大学,2011.

[5] 金家炜. PTN 技术在移动城域传送网中的应用及建设策略研究[D]. 上海:上海交通大学,2012.

[6] 王乐春,路龙惠. 数字图书馆推广工程虚拟网体系构建与资源共享实例实现[J]. 国家图书馆学刊,2012(6):40—45.

[7] 杨晓东等. OSPF 路由协议的认证分析[J]. 计算机工程与设计,2005(1):18—21.

[8] 毛玉明等. 路由器原理及路由协议[J]. 电信科学,1997(10):14—17.

[9] 杨路明等. 网络安全与防火墙技术[J]. 电脑与信息技术,2004(3):49—52.

图书馆对个人数字资源保存的服务模式初探

乔颖欣　季士妍(国家图书馆)

1　个人数字资源的概述及保存的意义

随着科学技术的发展,人们越来越多地使用电子设备,越来越多原生的数字资源出现在普通人的生活和工作之中。以前保存在纸质文档、相片和胶片上的内容,随着个人电脑、数码相机、数码摄像机、智能手机和平板电脑的使用,实现了 GB 级的增长,大量的照片、视频、电子文档、应用程序被保存在计算机硬盘、光盘、移动硬盘以至于存储卡和 U 盘里。随着云存储技术的兴起和广泛应用,网盘存储服务越来越多地被人们使用,对于个人用户来说相当于又多了一种保存介质。而在网络上生成的数字资源,如电子邮件、博客、微博等网络资源,由于网络环境的特点,很难做到长期保存,对于个人来说保存这部分资源则通过抓取页面保存到本地,或者保存到电子邮箱里。

个人数字资源是一份宝贵的财富,对个人来说承载着个人的记忆和经历,对社会来说是对时代的记录和写照,是非常宝贵的社会财富。因此个人数字资源的长期保存无论对于个人还是社会都是十分有意义的事情。但是个人用户与机构用户不同,个人对于如何保存数字资源,没有一个既定的规范可以参考,个人行为有很大的差异,使用偏好是保存方法选择很重要的影响因素。个人用户容易更快地应用新技术,但是技术的不稳定和商业问题也增加了资源保存的不确定性。

图书馆在电子资源和网络资源的保存上有着自身的优势,保存涉及的资源类型丰富,几乎涵盖个人数字资源的所有内容。在信息化社会中,图书馆越来越多地服务于社会公众,因此可以开拓新的服务,为公众提供资源保存的指导、普及和服务。从 2013 年开始,美国国会图书馆开始颁布《个人数字资源存档观察》[1],并在网页上开设个人存档栏目[2],开展对个人数字资源保存的指导和知识普及活动。本文结合国内的个人数字资源特点,对图书馆参与保存指导和知识普及服务等内容进行探讨。

2　图书馆在个人数字资源保存方面的优势

个人数字资源指个人利用计算机、数码相机、数码摄像机、智能手机、平板电脑等电子设备生成的数字文件,依据产生方式可以分为原生和非原生数字资源。原生的数字资源是直接由电子设备产生的数字图片、文档、音视频文件等;非原生的数字资源指将个人的照片、文档、影音胶片等经过扫描、翻拍、重新录制等方式产生的数字文件。个人数字资源种类多样,格式多样，其内容承载着个人的记忆，越来越受到个人和家庭的重视。

个人数字资源的保存，如同各行业所做的保存，目的都是希望在若干年后，数字资源还能被利用，能被后代看到和理解。为了实现这个目的，人们购置各种介质存放数据，使用软件编辑数据来解释和说明资源内容。而新的电子设备也在不断增加，从个人电脑、笔记本电脑，到越来越随身化的智能手机、平板电脑，以及数码相机、数码摄像机、录音笔等。通常来说，一个事件、一段时间的经历往往通过好几个电子设备进行记录，这就使得数字资源产生了多样性和复杂性。个人如何处理这些数字资源，没有统一的规范和办法可遵循，个人行为也不易受到约束，多是依据个人经验和使用偏好进行整理和保存。个人对数字资源的整理和保存经常会遇到一些问题，例如数据说明写到某个软件，随版本升级而无法支持读取而说明丢失；选择介质面临淘汰而无法读取；不稳定的介质发生故障造成数据丢失。这些问题带来的是公众有对数字资源保存的知识服务需求，下文将对这些需求的特点进行分析，并通过图书馆的自身优势来帮助公众解决保存相关的问题。

2.1 图书馆的知识组织方法有助于个人数据的标识

要进行数字资源对资源进行正确的标引和说明可以确保数字资源在若干年后被利用、被理解。对于个人用户来说数字资源随时间不断积累，如何给资源归类，采用何种命名规则和文件夹结构，采用何种软件或者不采用特殊软件进行标引和说明，都需要做出判断和决策。随着资源的积累，每一次资源组织的变动都是耗费时间和精力的大工程，因此选择适宜的资源组织方法是十分重要的。

图书馆有完善的编目、标引数字资源的工作流程，数据规范，延续性好。针对个人数字资源的特点，虽然不适合直接照搬图书馆的编目方法和标引方法，但是对于目录结构、资源标引方式，都可以给出相关的建议和指导，便于个人选择适合自身的方法组织资源。

2.2 图书馆的保存经验适合个人数据的保存管理

对于个人用户，保存介质的选择一直是个关乎数字资源能否长期保存的问题。随着技术的发展，保存介质从流行到消亡的时间难以预料，作为个人用户如何选择介质、判断介质的生存周期和健康状况，都有着一定的困难。作为个人用户，不像机构用户的资金充足，可以购置盘阵、磁带库等高性能的存储设备，构建灾备系统等数据安全保障，因此数据安全相对更为依赖介质。如何选择介质、选择备份的数量以及对健康状况的评估的都需要相关的知识支持。

图书馆对于数据有保存设备的管理经验，同时也对各种介质有丰富的使用经验。这对于个人用户来说，无疑是非常重要的参考。图书馆可以针对公众的特点，考虑经济、技术发展、介质更替等多方面因素，以及网盘技术发展和特点，为公众提供相关的服务和使用指导。

2.3 图书馆的规范化数据管理适合个人数据的管理

数据生产主要是指拍摄照片、记录声音或者录制视频时需要选择的参数，也包括用扫描仪将照片或纸质文件输出成数字文件和翻拍照片。数据迁移包括两个方面，一方面是数据从电子设备传输到保存介质，一方面是保存介质之间的迁移。从电子设备到保存设备，有些是直接将数据复制或移动，有些尤其是音视频数据，需要导出特定的格式再保存。参数选择不当会严重影响数字资源的质量,因此如何设置和选择对公众来说需要相关的知识支持。

随着电子设备的广泛使用,原生的和非原生的数字资源越来越多,图书馆在资源采集上有着严格的标准和规范,可以为个人在采集方法、参数选择、格式选择方面提供相关的指导,分享使用经验。

3 图书馆为个人数字资源长期保存服务模式的探讨

个人用户的个人数字资源保存与图书馆的数字资源保存工作有较多相似的地方,因此,从事数字资源保存工作的图书馆可以将保存方面的经验分享给公众,为公众提供知识普及和保存指导。公众在得到图书馆的相关服务后,能够更好地整理个人长期保存的数字资源,并且可以参与图书馆的数字资源收藏,在适当的时候,图书馆可以推出个人数字资源的征集活动,由个人记忆形成时代的记忆。

图书馆对于个人数字资源长期保存的服务首先需要图书馆投入力量,对个人数字资源的长期保存进行研究,形成面对公众的建议性指南,以通俗易懂的形式向外界发布。例如美国国会图书馆针对个人数字资源长期保存,依据数字格式,按照数字图片[3]、数字音频[4]、数字视频[5]、电子邮件[6]、个人数字记录[7]、网页[8]等提供具体的保存建议和指南。国会图书馆针对个人处理数字资源中遇到的情景和问题给出了具体建议,例如手机信息备份[9]、图片分辨率的选择[10]、云服务的选择[11]等。笔者认为,图书馆在制定个人数字资源长期保存的指南时,可以借鉴美国国会馆的经验,用通俗易懂的语言向公众解释个人数字资源的组织和保存方法,提供保存介质的可靠性比较,分享图书馆在知识组织、资源加工和保存管理方面的经验。与此同时,除了传统图书馆业务擅长的领域,随着互联网技术的发展,图书馆更要关注云服务、网络存储服务等新的技术和应用。图书馆可以对这类服务进行调研和比较,以旁观者的姿态,向公众发布客观可靠的使用建议,帮助公众选择合适的服务。

图书馆还可以借助自身的场地和网络平台,开展各项宣传服务,宣传正确有效的个人数字资源保存方法。图书馆可以提供的服务有以下几种:

①在网站上开设个人数字资源保存专栏;

②用馆区场地进行个人数字资源保存的展览;

③利用讲座、公开课宣传保存方法和相关知识;

④利用参考咨询平台提供个人数字资源保存方面的咨询服务;

⑤结合网络安全日、国际互联网日等纪念日,进行主题宣传,普及个人数字资源保存的知识。

个人数字资源的保存对于个人、家庭和社会都是一笔宝贵的财富。普及保存的相关知识,不仅有利于个人保存数字资源,还可以帮助图书馆拓展馆藏内容,开展个人数字资源的征集和收藏,丰富馆藏内容[12]。

4 总结

综上所述,科技的发展让电子产品逐步走入千家万户,人们用它们来记录生活和经历,

Web2.0 使每个人成为信息的主人,互联网成为人们生活中的一个重要部分。由之而来的大量图片、音视频、网页、邮件等数字资源成了每个人重要一笔数字财富,随之而来的是人们对数字资源保存的需求。个人数字资源的长期保存是一个综合的工程,没有一个工具可以一键式地满足所有人对个人数字资源的保存需求,对于个人来说,从自身出发,具有一定的数据保存知识和管理能力有助于实现个人数字资源的长久利用。

图书馆在数字资源保存方面有着自身的优势,在应对多种数字格式、资源组织和管理、保存介质管理、数据生产和迁移方面都有着丰富的经验和使用体会。面对公众在保存方面的需求,图书馆有责任和义务向公众分享这部分知识和经验,使其成为数字服务的一部分。本文结合图书馆自身的特点,提出可以推出个人数字资源保存指南来帮助公众了解保存相关知识,并结合图书馆自身的宣传平台推而广之。相信相关服务会带来良好的社会效益,并为图书馆以后收藏和征集个人数字资源打下基础。由于对于个人在互联网的行为还缺乏广泛的调研和数据支撑,缺乏个人数字资源保存现状的调研和分析,希望在以后的研究中能补充上述内容。

参考文献

[1] Library of Congress. perspectives on personal digital archiving[EB/OL]. http://www. digitalpreservation. gov/documents/ebookpdf_march18. pdf.

[2] Personal archiving[EB/OL]. http://www. digitalpreservation. gov/personalarchiving/.

[3] Personal archiving-Digital photographs[EB/OL]. http://www. digitalpreservation. gov/personalarchiving/photos. html.

[4] Personal archiving-Digital audio[EB/OL]. http://www. digitalpreservation. gov/personalarchiving/audio. html.

[5] Personal archiving-Digital video[EB/OL]. http://www. digitalpreservation. gov/personalarchiving/video. html.

[6] Personal archiving-Electronic mail[EB/OL]. http://www. digitalpreservation. gov/personalarchiving/email. html.

[7] Personal archiving-Personal digital records[EB/OL]. http://www. digitalpreservation. gov/personalarchiving/records. html.

[8] Personal archiving-Websites[EB/OL]. http://www. digitalpreservation. gov/personalarchiving/websites. html.

[9] Mike Ashenfelder. Archiving cell phone text messages,perspectives on personal digital archiving[J]. Library of Congress,2013.

[10] Barry Wheeler. What image resolution should I use? Perspectives on personal digital archiving[J],Library of Congress,2013.

[11] Mike Ashenfelder. Personal archiving in the cloud,Perspectives on personal digital archiving,Library of Congress,2013.

[12] 王方. 美国国会图书馆个人数字典藏的推广与启示[J]. 新世界图书馆,2013(4):96.

未来公共图书馆的创新发展之路："图书馆＋"

沈　彤（武汉市硚口区图书馆）

李克强总理在第十二届全国人民代表大会第三次会议的《政府工作报告》中，提出"制定'互联网＋'行动计划，推动移动互联网、云计算、大数据、物联网等与现代制造业结合，促进电子商务、工业互联网和互联网金融健康发展，引导互联网企业拓展国际市场"[1]。如今，"互联网＋"已经不仅仅是人们津津乐道的新概念，更成为创新发展的一种全新理念和发展模式，并上升为国家战略。借鉴"互联网＋"这个全新的开放性、网络化、融合式、系统型的思维，审视公共图书馆的创新之路，我们认为，"图书馆＋"正是未来公共图书馆应当探索发展的新路子，服务提升的新方向，职能完善的新模式。基于这样的想法，本文针对未来公共图书馆发展，提出"图书馆＋"的思想，探讨未来图书馆的创新发展之路。

1　"图书馆＋"的提出

"互联网＋"的本质是要充分发挥互联网在生产要素配置中的优化和集成作用，将互联网的创新成果深度融合于经济社会各领域之中，提升实体经济的创新力和生产力，形成更广泛的以互联网为基础设施和实现工具的经济发展新形态。其突出要求是要利用现代信息技术以及互联网平台，让互联网与传统行业等进行深度融合，构建出广泛连接、全面协调和深度融合的创新发展生态模式。而不是把"互联网"与其他传统行业或者什么产业进行简单的相加。图书馆作为人类社会的一个重要文化平台，是社会生活、经济发展、科技创新等主要组成部分。因此，借鉴"互联网＋"的概念，"图书馆＋"指的就是要充分发挥图书馆的文化平台作用，开辟未来公共图书馆探索发展的新方向和新路线，构建图书馆文化建设的生态新模式，促进社会的进步。

图书馆是收集、整理、保管、传递文献信息载体、为社会服务的文化机构。图书馆从它诞生那天起，其根本职能就是为人类服务的，并随着人类科学技术的不断进步而提升其服务能力。1975 年国际图联在法国里昂召开的图书馆职能科学讨论会上，把图书馆的社会职能归纳为四个主要方面：一是保存人类文化遗产；二是开展社会教育；三是传递科学信息；四是开发智力资源。可见，图书馆必须发展于社会、融合于社会、开放于社会，真正成为社会整体结构的一个有机组成部分，才能更好地服务于社会，促进人类文明的进步。因此，立足于现代社会科学的发展和人类文明需要，"图书馆＋"概念的基本内涵就是强调图书馆作为一个文化教育的服务机构，应该紧跟时代发展，主动与社会其他机构有机结合，探索出开放、多元、互惠、融合的创新发展新模式，建立图书馆新的生态结构形式。

这里的"图书馆＋"不只是一个简单的数学算式，"＋"也不是单纯的求和符号，其核心要义是变革、融合和创新，变革是基本要求，融合是基本方法，创新是根本目标。应当从思想性、主动性、方向性、多元性、实效性和哲学意义上来理解"图书馆＋",通过与现代社会的深度融合,实现传统图书馆的务实变身,以及图书馆社会功能内涵的再造与发展。如果非要下一个定义,"图书馆＋"就是以图书馆变革为基本要求,以社会多元融合为基本途径,创新发展构建出现代图书馆服务于社会的生态体系。不同于"互联网＋"重点推动的是物质产业的转型升级,"图书馆＋"强调的是在与包括互联网在内社会多要素的全方位融合中,更好提升图书馆在人类物质文明和精神文明进步中的文化价值和精神作用。

2 "图书馆＋"的现实基础

随着现代社会变革,特别是以互联网为代表的数字多媒体、移动终端、大数据、云计算等现代信息技术的发展,人类社会的组织模式、生产方式、文化需求、信息传播等均发生了重大转变,传统图书馆已经处于创新转型的十字路口,图书馆发展面临的是全新的现实基础,图书馆的困惑和困境已经摆在图书馆工作者的面前。上海图书馆馆长吴建中曾指出,"图书馆的困惑和困境到底在哪里? 是在硬件吗? 在软件吗? 在经费吗? 都不是,我认为突破口在于怎么摆正图书馆在网络世界中的位置"。的确,以互联网为基础的一系列新世界变革正悄然发生,构成图书馆的各个要素日新月异,传统图书馆已经不能适应现代社会要求。当今,图书馆的变革迫在眉睫,变革所面对的现实基础表现在多个方面,这一切既是图书馆必须面对的挑战,同时也是变革创新的发展机遇[2]。

第一,互联网的广泛普及成为影响图书馆存在的关键基础。随着信息存储的数字化、信息传播的网络化,互联网已经成为对影响世界最大的因素,甚至成为推动世界新技术革命的发动机。图书馆已经不只是纯粹的物理空间,也不只是纯粹的虚拟空间,而是一个互联网环境下实体与虚拟高度融合的新空间。数字化图书馆、泛在图书馆、个性化图书馆等新型图书馆概念的提出与模式的探索,传统图书馆的"变身"已经成为不可抵挡的一种趋势。没有了院墙的图书馆、没有实体书本的借阅,图书馆到底应该建成什么样子呢?

第二、读者习惯的巨大转变成为影响图书馆服务的任务牵引。数字终端、网络阅读、"慕课"学习等一系列新型阅读、学习方式的出现,使许多人渐渐疏远了宽敞明亮的阅览室,慢慢遗忘了透着墨香的借阅卡,图书馆门庭冷落车马稀的现象并不少见。在中国网民数已达5.38亿、在线阅读率近30%的浪潮中,如果图书馆仍停留在以外借为中心,传统图书馆被边缘化则不可避免。因此,面对新的读者新的兴趣趋向,图书馆该如何服务呢?

第三,市场经济的利益驱动成为影响图书馆建设的重要因素。公共图书馆作为人类文明传播的圣地,负担着为科学研究和大众提供有力的公益性服务的任务,在这里不仅积淀一个民族和国家的文明成果,而且还蕴含着国家乃至民族的走向和未来的可持续发展的文化基因,常常不能也没有办法用经济效益、投入产出比来进行计算。这样,往往不免受到经济利益的思维惯性影响,有些人、机构会产生对图书馆效益的怀疑,造成投入的不足,可持续发展受限。经费来源不足,社会捐助缺乏,新业务创新的薄弱等,都有可能导致图书馆发展的停止,甚至是倒退。当前,在我们现在的知识经济时代,大力推进中华民族伟大复兴、实现全面强大中国梦的征程中,文化日益成为国家强大、经济创新的重要组成部分,公共图书馆对提高全民的文化素质和生产能力应当发挥其应有的重要作用。在市场的经济性与服务的公益性之间,图书馆到底应该如何定位呢?

第四、信息服务的智能化成为影响图书馆功能的核心推力。进入信息社会,人们对信息的依赖程度越来越大,图书馆本身又收藏有大量的科学信息资源,这些信息的加工、处理、优化和检索等都需要智能终端有效处理,才能将图书馆的科学信息传递给需要的读者,因此智能服务的探索和追求是图书馆职能创新核心推力。随着大数据、云计算、个人定制等新型互联网服务模式的创新,智能化的服务已经成为图书馆读者服务的必然趋势。公共图书馆的根本任务是为读者提供快捷、有效、准确的个性化服务。发挥智能优势,提供智能服务,无疑成为未来图书馆发展重点方向之一。

3 "图书馆 +"的发展方向

现实是发展的基础,正如倡导大力推进"互联网 +"战略一样,图书馆界也必须从战略高度认识到图书馆变革的现实性和迫切性,推进"图书馆 +"的深化发展,改变传统图书馆服务旧模式,构建现代图书馆服务的新常态,确立现代社会中图书馆新地位,发挥促进人类文明进步的新功能。

未来,"图书馆 +"的方向应该说有多种可能,图书馆一定会在探索中不断取得进步,构建出自身发展的新生态。目前,国内外图书馆界已经开展了大量创新性探索,也取得许多值得借鉴的经验,迈上"图书馆 +"变革探索之路[3-4]。

3.1 "图书馆 + 图书馆"

互联网已经成为图书馆融合的黏合剂,不管什么地方、什么类型、什么层级的图书馆,只要通过互联网联结起来,就能实现各类图书馆自身的馆际融合。互联网时代,电子媒介的快速发展提供了一种新的实现模式,使图书馆可以绕过传统图书馆短板,实现图书馆服务生成和快速发展。

正如国家数字图书馆的建立就是一次集合的融合发展,它由国家图书馆和各级公共图书馆共同构建,覆盖全国,向公众提供多层次、多样化、专业化的数字图书馆服务。且正在拥抱移动互联、MOOC(大型开放式网络课程)等新媒体技术,以适应新媒体时代公众阅读习惯的变化。截至 2014 年年底,通过数字图书馆推广工程平台实名注册用户已达 550 万,"在家逛国图"成为现实。

"图书馆 + 图书馆"的群体联盟服务已经成为重要探索方向,实现图书馆从单馆到多馆,信息资源从孤岛到共享,读者服务从一馆到多馆联动等多种新模式,服务的水平和能力得到了不断提高。建立云计算环境的共享协作平台,协同发展。Interlib 图书馆集群自动化管理系统是新一代文献信息管理系统,采用 B/S 模式,开放的多层结构体系,基于 Interlib 实现传统业务管理与海量数字资源管理的结合。同时它也是作为资源共建共享的新的实现形式,打破了各图书馆单位所有,条块分割的局面,将城市图书馆群作为一个整体进行管理,从而能达到资源共建共享、合理配置和图书馆之间互相合作的目的。

3.2 "图书馆 + 文化教育"

国际图书联合会发布的城市图书馆调研报告指出,影响图书馆未来发展的有 4 个新指标,即推广活动、社会媒体、数字流通和数字参考。有专家表示,与数字化接轨,与文化相融,已经写在了图书馆发展的指示牌上。在英国,伦敦东区的概念店(Idea Store)上下 5 层,从外观和硬件上与国内新建的图书馆相比并无特别之处,但每一层都设有教室,还设有舞蹈练习厅,吸引了大量周边居民,特别是年轻人。概念店展示了一个集学习、信息和图书馆于一身的社区文化中心,图书馆已经变身为一个典型的文化中心。这也许正是未来公共图书馆的样子,就像商店、银行、邮局和健身房一样,是社区必备的设施,甚至成为"社区的心脏""都市生活会客厅",成为城市的公共文化空间。通过举办涵盖当代艺术、设计、建筑、时尚、电影、音乐、文学、历史等文化领域活动或者免费公益活动,营造丰富的文化生活。与传统图书馆不同的是,不仅为读者提供舒适宽敞的阅读环境供读者阅览,慢慢品读,读者也可以在笔记本上办公,可以从吧台上要一杯咖啡或者点心。图书馆成为美好的文化体验场所,观影会、音乐会、亲子教育、手工、旅行分享都可以成为图书馆定期举办的活动。管理员还可以主动推荐图书馆的微信公众号,向读者推送各种专题式读书活动、作家见面会、专题研讨会等,激发读者的读书兴趣。

3.3 "图书馆+企业创新"

图书馆是先进文化的宝库,是科技创新的源泉。图书馆与企业的融合和发展不仅可以提升图书馆自身的发展,而且可以为企业创新提供有力的信息支撑。企业既是信息的受益者,也应该是信息的贡献者、图书馆建设经费的捐赠者,在融合中实现企业与图书馆发展的良性互动。

3.4 "图书馆+专业机构"

图书馆的文献资源开发应当包括三方面的内容,第一,对到馆的文献进行分类、编目,以便科学排架,合理流通;第二,对馆外资源进行搜集、过滤,成为虚拟馆藏,形成更加宽广、快捷的信息通道;第三,使馆藏文献数字化,通过网络实现资源共享。随着文献数量的不断增长和种类的不断扩大,信息量激增,人们普遍感到利用起来十分不易。图书馆通过与专业机构的融合,实现对专业化信息资源的整理、分析、综合、指引,构建形成有秩序、有规律、源源不断的信息流,实现广泛的交流与传递,最大限度地为读者所利用。大数据分析、云计算技术、虚拟教育系统等都应该成为未来图书馆的重要功能和服务。

3.5 "图书馆+书店"

图书馆与书店的结合,以及与信息技术的融合,打通信息门户、APP、微信三大平台与读者的联系,让读者直接参与图书馆文献采访的服务平台,"你选书我买单",开放式采购,让读者服务更加精准有效。甚至还可以与书店合作,把书店当作图书馆的外借部,让读者直接在书店借走图书。让书店成为图书流通的中间环节,也成为沟通作者、编辑、读者交流的桥梁。图书馆可以充分利用书店组织作者签名售书活动,举办小型讲座,请出版商预告新书信息等,创新阅读新模式。个性化服务必将成为未来图书馆服务的一种趋势。图书馆可以利用丰富的藏书,对图书信息的系统掌握,充分发挥文献的感染力,打造个性化的图书阅读和收藏服务[5]。

4 结束语

总之,图书馆作为社会活动的主要场所,它的作用仍然是不可或缺的,需要结合新的信息环境和用户需求,改革和创新物理空间的功能,探索全方位的"图书馆+"的变革。怎样将图书馆物理空间、网络空间和社会空间融为一体,形成新形态的服务空间,以更有效地服务读者用户,是一个值得思考的问题。在信息网络、新媒体蓬勃发展的新时代,公共图书馆已不能也不应该独善其身,必须主动作为,创新发展、变身发展。"互联网+"迎来智能物联的新时代,公共图书馆要想走出困境,只能主动作为,探索"图书馆+"创新发展的新模式。新一代信息技术的发展可以催生"图书馆+",而"图书馆+"反过来可以推动图书馆的发展,改变人们对图书馆的认识,改变人们利用图书馆的方式。可以说"图书馆+"是互联网时代下图书馆创新驱动发展的一种尝试。换一种思维方式、服务方式、发展方式,定能开辟一片新天地。

参考文献

[1] 宁家骏."互联网+"行动计划的实施背景、内涵及主要内容[J].电子政务,2015,150(6):33—38.

[2] 吴建中.转型与超越:无所不在的图书馆[M].上海:上海大学出版社,2012.

[3] 唐巧进.驿站图书馆建设初探科技情报开发与经济[J].2015,25(2):103—105.

[4] 徐大平.美国公共图书馆发展现状及启示[J].图书馆建设,2011(11):7—10.

[5] 刘兹恒.图书馆未来发展的十大趋势[J].中国出版传媒商报,2016(13):3—6.

微信公众号在高校图书馆服务中的应用研究

石岭琳　　田红梅(解放军理工大学图书馆)

姜　英(解放军理工大学气象海洋学院)

1 引言

在自媒体时代的今天,智能手机成为当下人手必备的实用工具,铺天盖地的各种应用程序充斥着人们生活的方方面面,而微信作为自媒体时代的主流 APP,是亚洲地区最大用户群体的移动即时通信软件。到目前为止,全球已经有超过 7 亿用户在使用微信,每月的活跃人数突破 4 亿(微信官方数据),其火爆程度让同时期推出的相似软件望尘莫及。微信应用的多元化发展对各个领域都产生了极大的影响和作用。高校图书馆作为服务于高等院校读者的信息保障机构,将微信的应用技术优势与图书馆的信息资源优势相结合,积极探索,借助微信平台展示自身特色,提高信息服务的水平,让用户随时随地都能获取所需的信息是高校图书馆在新的技术环境中生存与发展的需要。自 2012 年微信公众号开通以来,各高校图书馆通过微信与用户建立互动联系虽然日渐增多,但是总体水平依然参差不齐,笔者就高校图书馆微信公众号的整体应用情况做了较为详细的调查与分析。

2 高校图书馆微信公众号调查与分析

2.1 调查对象与方法

本文的调查分析基于中国管理科学研究院"中国大学评价"课题组组长武书连发布的《2015 中国大学综合实力 100 强》,选取国内排行前 50 强的高等院校图书馆作为调查对象,调查内容包括院校图书馆的微信账号名称、类型、开通时间、互动模式、推送内容等方面,并对其进行数据统计,希望通过对前 50 强院校图书馆的微信服务平台使用现状的调查与分析,总结出目前高校图书馆微信利用情况,并探讨国内高校图书馆微信平台应用方面存在的一些问题以及可待提高的方面,并从笔者使用的角度提出一些改进的建议。

本文的调查方法采用以手机终端登录微信手机客户端,通过"查找公众账号",关键词以"院校名称＋图书馆"进行搜索,如"厦门大学图书馆",若检索结果不唯一时,只取该校图书馆官方微信,图书馆其他部门以及读者自行开发的账号则不纳入调查范围。调查统计时间截止到 2016 年 4 月 15 日。此外,为避免检索结果不全,辅以浏览院校图书馆主页,检查是否列出该校图书馆微信公众号。

2.2 调查结果与分析

笔者通过对前50强的高校图书馆微信号逐一进行详细的调查研究,记录并整理其相关数据,得出具有一定的代表性的结论,详见表1。

表1 国内前50强高校图书馆微信公众号调查情况

排名	校名	开通情况	导航栏	微信账号名称	微信类型	主页显示微信号	开通时间
1	北京大学	已开通	无	北京大学图书馆	订阅号	是	2013年6月8日
2	浙江大学	已开通	有	浙大图书馆	订阅号	否	2014年3月10日
3	清华大学	已开通	有	清华大学图书馆	订阅号	是	2013年4月8日
4	上海交通大学	已开通	有	上海交大图书馆	服务号	是	2015年2月26日
5	复旦大学	已开通	有	复旦大学图书馆	订阅号	是	2014年10月7日
6	南京大学	已开通	有	南京大学图书馆	订阅号	是	2013年5月27日
7	武汉大学	已开通	有	武汉大学图书馆	订阅号	否	2015年4月20日
8	四川大学	已开通	有	四川大学图书馆	服务号	是	2014年5月29日
9	中山大学	已开通	有	中山大学图书馆	订阅号	是	2013年11月6日
10	山东大学	已开通	有	山东大学图书馆	订阅号	是	2013年9月9日
11	华中科技大学	已开通	有	华中科技大学图书馆	服务号	是	2014年10月29日
12	哈尔滨工业大学	已开通	有	哈工大图书馆订阅号	订阅号	否	2014年10月11日
13	吉林大学	已开通	有	吉林大学图书馆	订阅号	是	2013年8月25日
14	南开大学	已开通	无	南开大学图书馆	订阅号	是	2013年4月8日
15	西安交通大学	已开通	有	西安交通大学图书馆	服务号	否	2013年7月9日
16	中国科学技术大学	已开通	有	中国科大图书馆	订阅号	是	2013年8月7日
17	东南大学	已开通	有	东南大学图书馆	订阅号	否	2014年11月25日
18	中南大学	未开通	无	无	无	否	无
19	中国人民大学	已开通	有	中国人民大学图书馆	服务号	是	2013年6月4日
20	厦门大学	已开通	有	厦大图书馆	订阅号	是	2013年10月17日
21	华南理工大学	未开通	无	无	无	否	无
22	同济大学	已开通	有	同济大学图书馆	服务号	是	2014年5月14日
23	大连理工大学	已开通	有	大连理工大学图书馆	服务号	是	2014年6月3日
24	天津大学	已开通	有	天津大学图书馆	订阅号	是	2014年12月31日
25	北京师范大学	已开通	有	北京师范大学图书馆	订阅号	是	2012年11月6日
26	北京航空航天大学	已开通	无	Buaalib	订阅号	是	2012年11月6日
27	重庆大学	已开通	无	重庆大学图书馆	服务号	是	2014年12月14日

续表

排名	校名	开通情况	导航栏	微信账号名称	微信类型	主页显示微信号	开通时间
28	兰州大学	已开通	无	兰州大学图书馆	订阅号	是	2014 年 11 月 17 日
29	西北工业大学	已开通	无	西北工业大学图书馆	订阅号	是	2015 年 3 月 27 日
30	北京理工大学	已开通	无	北京理工大学图书馆	订阅号	否	2015 年 10 月 15 日
31	中国农业大学	未开通	无	无	无	否	无
32	苏州大学	已开通	无	苏州大学图书馆	订阅号	是	2014 年 9 月 28 日
33	华东师范大学	已开通	有	华东师范大学图书馆	订阅号	是	2014 年 4 月 30 日
34	湖南大学	已开通	有	湖南大学图书馆	服务号	是	2014 年 11 月 19 日
35	华东理工大学	已开通	有	华东理工大学图书馆	订阅号	是	2014 年 3 月 29 日
36	南京航空航天大学	已开通	有	南京航空航天大学图书馆	服务号	否	2015 年 4 月 25 日
37	郑州大学	已开通	有	郑州大学图书馆	订阅号	是	2014 年 1 月 31 日
38	华中师范大学	未开通	无	无	无	否	无
39	南京农业大学	已开通	有	南京农业大学图书与信息中心	服务号	是	2014 年 5 月 8 日
40	电子科技大学	已开通	有	西安电子科技大学图书馆	服务号	否	2015 年 11 月 17 日
41	西南大学	已开通	有	西南大学图书馆	服务号	是	2014 年 11 月 3 日
42	东北大学	未开通	无	无	无	否	无
43	武汉理工大学	已开通	有	武汉理工大学图书馆	订阅号	否	2015 年 4 月 10 日
44	上海大学	已开通	有	上海大学图书馆	服务号	是	2014 年 5 月 15 日
45	江南大学	未开通	无	无	无	否	无
46	南京理工大学	已开通	有	南京理工大学图书馆	订阅号	是	2014 年 5 月 30 日
47	华中农业大学	已开通	有	华中农业大学图书馆	订阅号	否	2015 年 5 月 7 日
48	西安电子科技大学	已开通	有	西安电子科技大学图书馆	服务号	否	2014 年 10 月 30 日
49	东北师范大学	已开通	有	东北师范大学图书馆	订阅号	否	2015 年 4 月 12 日
50	西南交通大学	已开通	有	西南交大图书馆	订阅号	否	2013 年 12 月 23 日

2.2.1 微信公众号开通情况

经过调查显示,这 50 所高校图书馆中有 44 所已经开通微信公众号,6 所高校图书馆未开通微信,如图 1 所示。其中 88% 的高校图书馆都能跟上信息时代的步伐,及时更新图书馆信息服务的方式,运用便利快捷的服务平台,提供有效的咨询查找功能,定期推送各种有趣的资源,更好地满足读者的需求。同时还有 6 所高校图书馆还没有认识到微信服务对于图书馆提高服务质量的重要性。基于作者尹爱兰写的《微信公众平台在高校图书馆使用的调查分析》中我们可以了解到,通过对高校图书馆网页进行深入调查分析,截至 2014 年 4 月已开通微信公众号的高校图书馆比例为 24%,相较于 2016 年已开通的比例可见,各高校图书馆开通微信公众号的数量在大幅增长,说明越来越多的高校图书馆意识到微信服务对于图书馆信息服务的重要性。

2.2.2 微信公众号开通时间

利用翻看历史记录查找各高校图书馆微信开通时间,统计数据后我们可以看到,除去没有开通微信号的6所高校图书馆外,已开通的图书馆中开通于2012年的有2所,开通于2013年的有12所,开通于2014年的有21所,开通于2015年的有9所,如图2所示,统计截至2016年4月15日。由图可见,自微信诞生以来,高校图书馆已经敏锐地嗅到微信极具优势的功能平台,微信不断发展的过程也是高校图书馆信息服务不断探索的过程,在人们还沉浸于微信可以聊天、发图、朋友圈、摇一摇等功

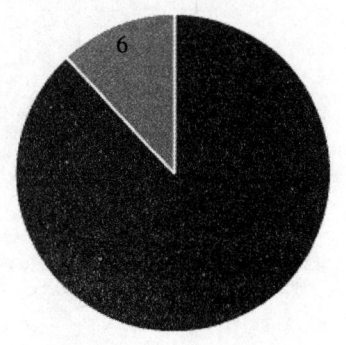

■已开通 ■未开通

图1 高校图书馆微信公众号开通比例

能的时候,图书馆的信息服务人员已经意识到这个平台的有力前景,并利用图书馆丰富资源的优势,创建出属于自己独一无二的信息服务模式,让读者们眼前一亮,可以更方便也更及时地获取到图书馆提供的各种信息资源。

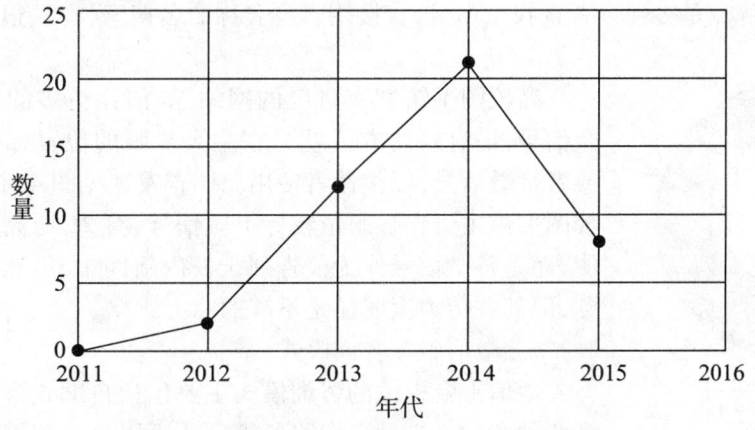

图2 高校图书馆微信公众号开通时间比较

2.2.3 微信公众号服务类型

微信公众号的类型可以分为订阅号与服务号两种,微信订阅号和服务号的区别主要在于如下几点:服务号可以不用认证就能免费申请自定义的菜单,而订阅号就需要开通单位认证和交费;服务号在群发信息的时候会有消息的提醒,推送的消息会以短信形式接收,显示在用户的聊天列表当中,订阅号推送的信息直接出现在订阅号文件夹中,没有消息提醒;服务号可以申请微信支付,订阅号不能;服务号一个月只能群发4次,订阅号可以每天群发1次。

综上所述,订阅号比服务号推送的次数要多,但是需要认证与交费,服务号虽然不需要交费,但使用上有一定的局限性。从图3中分析可见,其中订阅号有29所,服务号有15所,订阅号的数量明显高于服务号。笔者从调查中也了解到,开通订阅号的微信公众号的活跃程度也同样高于服务号,由此读者的关注程度也与之成正比,因此微信公众号的类型也是决定微信服务质量的一个因素。

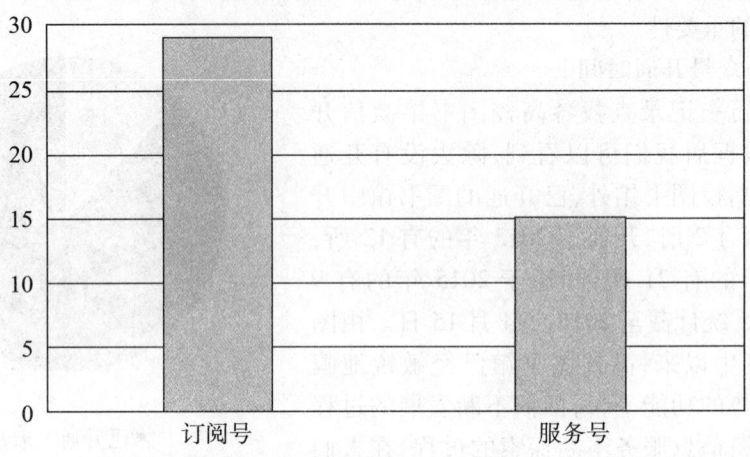

图3　高校图书馆微信号类型比较

2.2.4　微信账号名与主页显示情况

从调查表得出结论,这50所高校图书馆中,几乎都是用自身的名称来表示,除了北京航空航天大学图书馆的微信号为Buaalib,也就是用英文字母表示,但仍然可以通过输入全名搜索到。这样的优点是方便读者查找微信号,直接用自身名称命名搜索,省去很多不必要的查询过程。

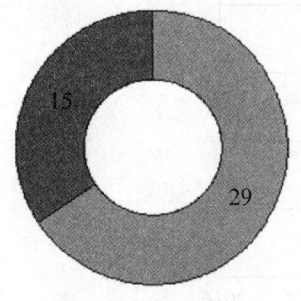

图4　高校图书馆主页
显示微信号比例

高校图书馆都有自己的网站,如何让更多的人获悉本馆的微信号,最有效的方式就是在主页显眼的位置标上微信二维码或者是微信号,以供读者使用。调查发现见图4,其中有29所高校图书馆主页在显眼位置标上微信号,有21所高校图书馆未标明,而是将微信号作为公告列于校内新闻中,虽然也是可以查找到,但其宣传力度明显是不够的。

2.2.5　微信服务咨询模式

微信平台提供的咨询模式主要包括自助式咨询和互动式咨询两种类型。自助咨询服务模型还可以分为关键词回复咨询与导航栏咨询,关键词回复咨询就是按照内容指令格式要求输入关键词等待系统回复,导航栏咨询是在微信页面底部设置的导航栏中选择自己需要的查询项目,它们的优点在于能及时回复用户的咨询请求,能够通过指令完成一些简单的资源和服务查询需求,缺点是前者需要按照一定的指令格式输入关键词,增加了用户使用微信咨询的复杂性,后者咨询的咨询内容具有一定的局限性,不能完全满足读者的咨询需求,此外对用户服务的专指度和区分度较低。实时互动咨询模式的优点在于针对用户的个性化咨询需求提供针对性、专指度更高的咨询服务,缺点在于用户提出咨询请求后根据不同的咨询需求得到回复的时间不同,对于一些较为复杂的咨询内容甚至需要更长的回复周期。

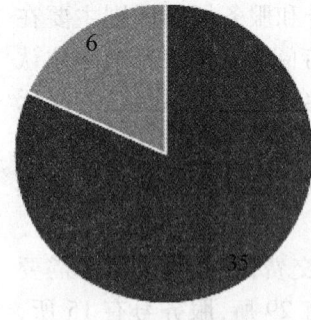

图5　高校图书馆微信号
导航栏设置情况

笔者根据是否设置导航栏来调查高校图书馆微信号服务咨询的便利情况,如图5所示,有36所高校图书馆微信号设置了导航栏,有8所未设置,导航栏一般设置在页面的最底端,根据每个图书馆的服务内容的不同可以设置不同的查询项目。以清华大学图书馆微信公众号为例,如图6所示,设置了动态、资源与服务三个选项,每一个选项目录下包含了多个子目录,让新读者对微信号的功能一目了然,非常简便实用,也是目前大多数高校图书馆微信号采用的服务方式。

图6　清华大学图书馆微信公众号导航栏

2.2.6　微信服务内容及形式

高校图书馆通过引进微信公众号这样一个快捷平台,不断实现图书馆便捷性、多样性的信息服务。微信服务内容主要包括资源推送、信息发布、活动宣传、新闻资讯、馆藏查询、个人信息查询、参考咨询、借阅服务等方面。其中资源推送、信息发布、活动宣传等单向信息推送服务是当前高校图书馆微信号提供的主要服务类型,个人信息查询、馆藏查询、借阅服务以及参考咨询等需要与读者双向信息交流的服务还有待改善提高。调查中我们发现,其中有部分微信号开通后无专人管理,咨询回复周期过长或无回复,还有的几乎没有发布有价值的信息,更有甚者没有发布任何的内容,可见图书馆对于利用微信平台开展图书馆高质量信息服务这一重要性的认识还很不够。

2.2.7　微信号影响力分析

高校图书馆微信公众号已成为图书馆传递信息、凝聚情感的重要渠道,其影响力不容小觑。为评估国内前50强高校图书馆官方微信公众号影响力,调查从2016年4月5日到4月

11 日各高校图书馆公众号单周平均阅读量,对前 50 强高校图书馆微信公众号进行影响力排名。由于其中有部分高校图书馆在这一周并未发布任何资讯,选取已发布信息的 20 所高校图书馆微信号进行数据统计分析,结果见表 2。

表 2　高校图书馆微信号单周数据统计

序号	公众号	发布次数/文章总数	阅读总数	平均阅读数	点赞总数
1	清华大学图书馆	2/6	21 689	1973	289
2	厦门大学图书馆	5/14	9898	1414	108
3	天津大学图书馆	3/11	6037	755	149
4	浙江大学图书馆	7/24	5254	376	129
5	北京大学图书馆	1/2	4921	821	46
6	华中科技大学图书馆	1/1	3893	649	58
7	中山大学图书馆	3/8	3649	456	14
8	西安交通大学图书馆	4/9	3440	688	41
9	华东师范大学图书馆	2/6	3069	384	75
10	大连理工大学图书馆	2/5	2783	928	13
11	中国科技大学图书馆	6/8	2569	321	28
12	山东大学图书馆	3/4	1988	221	30
13	北京师范大学图书馆	5/7	1616	147	40
14	上海交大图书馆	1/3	1247	52	11
15	兰州大学图书馆	6/8	1238	177	29
16	南京大学图书馆	5/11	1226	1226	22
17	苏州大学图书馆	4/7	1007	336	10
18	复旦大学图书馆	1/1	735	368	9
19	东南大学图书馆	1/3	571	143	16
20	西北工业大学图书馆	5/8	133	133	2

　　从单周的数据可以看出,发布频率 5 次及以上的图书馆有 7 所,发文量 10 篇以上的图书馆有 4 所,清华大学图书馆以阅读总量 21 689 次位列榜单第一名,厦门大学图书馆和天津图书馆分别位列第二、三名,阅读总量破千位数的图书馆有 17 所,平均阅读量最高的是清华大学图书馆,阅读数为 1973 次,紧随其后的是厦大与南京大学图书馆,点赞数最高的依然是清华大学图书馆,天津大学与浙江大学图书馆分别位列第二、三名。排行结果见图 7 所示。从数据反映出发文量与浏览量并不成正比的,读者的关注度与图书馆微信号发布信息的质量是成正比的,发布的资讯越有价值浏览的人群就越多,可见图书馆微信号随着图书馆对微信平台的重视而显得越来越重要,其影响力也在数据中可见一斑。

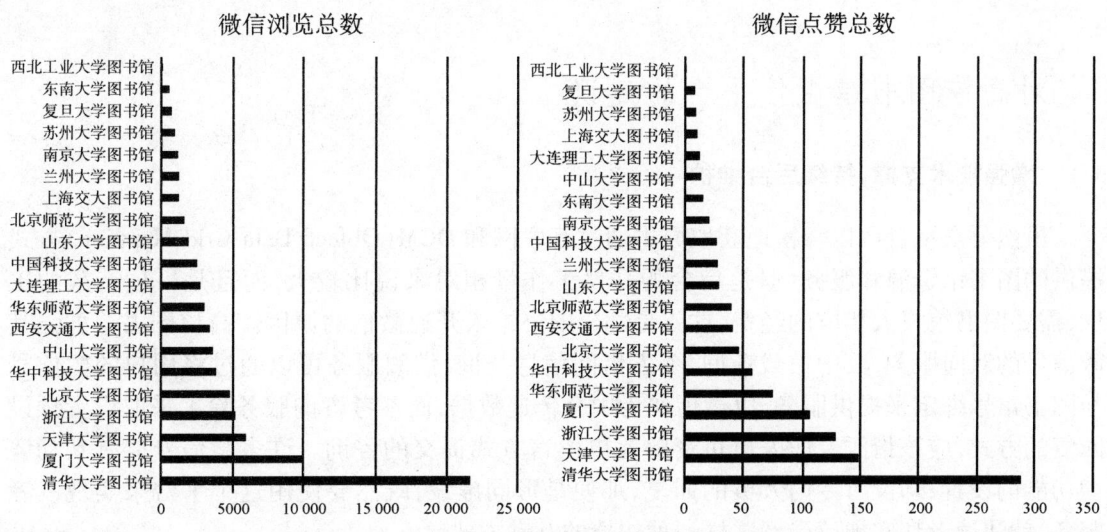

图7　高校图书馆微信号单周浏览总数与点赞数

　　如何吸引读者、方便读者,如何让读者获取到更多更有意义的信息资源,是接下来各高校图书馆应该探讨的问题。粗略浏览该周阅读量较高的文章,其主要内容有悦读沙龙、美文赏析、书香校园、图书馆活动、光影阅读、书籍推荐、平台使用、问卷调查、校园百态等非常精彩的阅读板块,题材新颖,图文并茂,诙谐活泼,特色鲜明,牢牢抓住了读者的阅读心理,让更多的读者受益其中。综上,利用学校特色激发读者共鸣确实是高校图书馆微信公众号吸引阅读量的一大利器。以清华大学图书馆为例,其主要的几大板块包括水木华章、图影书声、清华藏珍、清图快讯、新书放送等。水木华章主要是发布清华大学的相关新闻,让读者实时了解学校正在发生的事件,及时获悉到各种有用的信息;图影书声主要介绍了各种数据库、应用平台、电子资源订购、案例分析等,为读者查找电子资源提供了详细的介绍;清华藏珍是清华大学图书馆的一大亮点,主要介绍清华大学收藏的各类文物,对文物进行了详尽的描述,既让本校读者引以为傲,也让所有的读者都增长了知识;清图快讯主要发布各类有关图书馆的新闻,让读者第一时间获取到图书馆的相关信息;新书放送亦即新书推荐,为读者图文并茂地罗列出书籍的看点与主要信息,很好地指引读者去阅读有意义的书籍。

　　参照《中国青年报》发布的"全国普通高校微信公号排行榜"的数据,其中厦门大学微信号几周都蝉联冠军,是什么让它如此受欢迎?翻看厦门大学微信公众号的历史消息,笔者发现,他们的发文频率是每天一次,且每篇文章的浏览量都破千位数,甚至有好多上万浏览量的文章。究其文章的特色,每一篇文章都不是粗制滥造,其中凝聚了编辑者很多的心血,写作的水平也不亚于专栏作家,甚至还有很多编辑者自己的心声,这样不仅拉近了与读者的距离,获得了很多读者的喜爱,同时也让微信的推送内容显得更有吸引力、凝聚力、感染力与说服力。因此,要提高微信号的影响力,除了具备基本的服务功能以外,还要在服务内容上下功夫,让图书馆微信号不仅仅是查阅工具,更是集新闻资讯、文化艺术、生活服务等功能于一体的新媒体信息服务平台。

3 对高校图书馆微信平台的建议

3.1 增强技术支撑,持续后台维护

虽然公众平台可以轻松地获取原本通过互联网和 OGM(Object/Data Grid Mapping)方式提供的图书馆资源和服务,但是后台的开发工作量相对来说比较大,而且是一项持久的工作,需要图书馆投入相应的经费,这就是部分图书馆未开通微信的原因。高校图书馆加强其微信号的双向服务,其中馆藏查询、个人借阅信息查询、借阅服务可以通过将用户的微信号与图书馆号绑定来提供服务,以微信作为中介传递数据,而参考咨询服务除了采取设置预设回复的方式,应该指派专职人员负责解答以留言方式提交的咨询。许多微信号徒有互动咨询功能的设置,却没有专门人员的回复,那便是形同虚设,既然要使用这个平台来实现读者服务,就让读者切实地感受到这样一种快捷的互动方式。

3.2 专业信息咨询,个性化信息推送

个性化服务本就是图书馆的服务核心,既然图书馆服务的创新之处就体现在这里,那么图书馆微信号也应该与时俱进。当前微信号是以群发推送信息的形式,所有关注该微信的用户都收到一样的信息,没有根据用户的特点进行针对性的服务。在具备传统面对面咨询这种实时交互特点的同时,通过对目标读者的精确锁定,为其预先提供感兴趣的专题咨询服务,即可以实现与读者之间一对一的消息推送服务。如订阅号可以在用户关注后登记用户的喜好,根据用户的喜好进行相关信息的推送,除了推送公共消息外,还将投其所好地为用户推送经典文学作品、文学作品赏析与观后感等相关的信息,长此以往,能够让用户对微信号的关注与浏览保持持续的热度。

3.3 加大宣传力度,扩大账号影响力

笔者在调查中发现,即使是已开通微信号的高校图书馆,对其微信号的宣传也是微乎其微,仅有 29 所高校将其微信号在图书馆网站醒目位置列出,其他图书馆的微信号并没有在其网站上标记出来,如果在图书馆用户群体中知晓度低,就不能很好地开展服务,更不能发挥出微信的优势,因此,图书馆应该加大对其微信号的宣传力度。除了在图书馆首页列出其微信号二维码供用户扫描外,微博上进行宣传以及举办一些推荐好友关注微信号的微博、微信抽奖活动,线下可以通过图书馆的电子屏幕或在馆舍内设立一些展板悬挂微信号二维码供读者扫描。

3.4 开展问卷调查,优化账号管理

微信号的开通最终还是为了服务用户,让用户满意是图书馆努力的方向,因此要多进行微信号用户的问卷调查,收集用户对微信号服务的建议与意见,切实调整服务内容来改善微信号的服务质量。微信账号的管理也是至关重要的,一个闲置的微信号发挥不了任何作用,具备这样的资源,就应该充分利用,不断地学习高影响力微信号的推送模式,借鉴他们的成功案例,结合本校特色,优化账号的管理。此外,由于学生是微信的主要用户群体,可以聘请

学生代表以义务馆员的形式一起加入微信号的管理,使服务内容更加贴近学生群体,也能够为图书馆工作人员带来更多的启发,共同为读者提供更好的服务。

3.5 增强软件功能,提高检索能力

基于微信软件功能的局限性,笔者在使用中发现了一些问题,例如在历史推送信息中查找某一篇文章时,只能按顺序翻阅消息,并没有设置内容的检索功能,也无法通过时间点翻阅某条推送消息,更没有设置信息栏目分类,特别是对于某些推送信息较为频繁、内容也较为丰富的公众号来说,查找需要的内容成了一件异常烦琐的事情,在浪费时间的同时也会减弱读者对公众号的兴趣,因此笔者建议可以设定时间节点,缩小查询的范围,或者提高检索能力,可以模糊检索,方便读者查找相关内容。

4 总结

通过对 2016 年(截至 4 月 15 日)国内高校排名前 50 位的高校图书馆微信平台开发与应用情况的调研得知,已经有大部分高校图书馆意识到微信平台在满足用户移动信息需求方面所发挥的重要作用,然而这些图书馆的微信服务功能方面局限于信息推送、资源试用通知以及讲座通知等初级阶段,缺乏更加个性化、精准化的信息服务,微信的精准、互动、及时的特点还没有得到充分的发挥,有待各高校图书馆进一步改善提高。随着微信影响力的进一步扩大和高校读者的需求,高校图书馆对微信公众平台的运用应有巨大的潜力,具有可预见的良好发展前景。

参考文献

[1] 尹爱兰. 微信公众平台在高校图书馆使用的调查分析——基于高校图书馆的实证分析[J]. 农业图书情报学刊,2014,26(4),60—63.

[2] 百度百科. 微信[EB/OL]. http://baike. baidu. com/subview/5117297/15145056. htm.

[3] 全国高校微信公号排行榜[EB/OL]. http://news. cyol. com/content/2014-11/24/content_10998188. htm.

针对网络一代的高校数字图书馆服务

——基于 CNNIC 第 35 次《中国互联网络发展状况统计报告》

何婷婷(福建师范大学)

中国互联网的腾飞不仅促进了社会经济的快速发展,也影响了超过一代人的成长,互联网已经形成极具影响力的关键行业。中国互联网络信息中心(CNNIC,China Internet Network Information Center)从 1997 年开始,对中国互联网络发展的动态进行调查分析,受到广泛重视。2015 年 1 月,CNNIC 发布了第 35 次《中国互联网络发展状况统计报告》(以下简称《报告》),分别阐述了互联网络的环境、应用和市场三个专题[1]。其中,对网民规模和其结构特征的研究,有助于了解目前网络一代的信息行为特征,从而了解其信息需求,对于高校数字图书馆开展服务具有重要意义,而关于 O2O、网络视频和网络游戏等热点的研究对高校数字图书馆的服务开展具有参考价值。

1 网络一代及其信息行为特征

1.1 网络一代

美国哈佛大学 Berkman 互联网及社会研究中心和瑞士圣加仑大学合作的 Youth and Media 项目中,其中一个子项目就是以数字原住民(Digital Natives)这一概念为题,认为数字原住民是被数字技术包围着成长的一代人,数字设备已经完全成为其生活的一部分[2]。

2009 年,英国国家图书馆和英国联合信息系统委员会委托了一项名为"Researchers of Tomorrow"的研究,长达三年的调查对象主要是 1982 年到 1994 年出生的 Y 一代博士研究生[3]。

柯平和陈雅茜认为,网络一代即为 Y 一代,并将其定义为出生于 1982—1994 年之间,伴随 Internet 出生及成长的一代人,该范围包括在校本科生、硕士研究生和博士研究生等学生,高校年轻教师和未进入大学的部分潜在用户[4]。同时,《报告》指出,至 2014 年 12 月,我国 10—39 岁年龄段网民占多数,比例合计超过四分之三,10—29 岁网民超过总数的一半,尤其 20—29 岁年龄段者占比近三分之一。

基于目前高校学生实际和 CNNIC 历年统计数据,本文认为,网络一代可以被定义为出生于 1982—1997 之间,与中国互联网一同成长起来的一代人。在 1997 年敞开民用接入、四大骨干网互联互通之后,中国的互联网真正的普及[5],因而 1982 年以后出生者,基本上可以在完成初高中教育、进入大学之前就了解电脑,并在高等教育阶段进行深化了解。

至 2015 年,网络一代也正处于 18—33 岁之间,恰好是我国网民的主要群体。在现今的教育体制下,中国学生进入大学的年龄普遍为 18 岁左右,可以认为目前在学的高等教育学生是我国网络一代的重要组成部分。现今的大学生虽然不是完全在网络环境中成长起来的一代,但基本上见证了我国信息技术的发展,网络化、数字化对他们的影响尤为显著。

1.2 网络一代的信息行为特征

网络一代通过网络进行信息行为的频率非常高,主要包括:信息需求行为、信息查寻行为、选择存储行为、信息交流(传输、共享、发布、推送)行为和利用行为[6]。网络一代具备高度依托网络的信息行为特征。

1.2.1 信息意识强烈,主动信息需求类型单一

网络一代适应网络高速发展的现状,对于使用网络媒体和数字技术获取和交互信息习以为常,是相对主动的信息消费者。《报告》指出,目前我国网民每周上网时间超过 26 个小时,平均每天近 4 个小时,网络一代使用网络的广度和深度也不断提升,对于使用网络获取信息这一意识非常明确且强烈。

有研究认为,高校学生用户使用搜索引擎的主要目的是为了学习、查寻新闻和音乐搜索,生活休闲、体育娱乐和图片搜索也占较大比例,一般以娱乐为主要用途[7]。网络一代对于学习型信息或知识的需求呈现被动,即使在进行有意识的信息获取,也会因其学习的非延续性和大数据时代的信息爆炸,增加信息偶遇的可能性,降低其对信息的敏感度和判断力,减少其对学习型信息的好感度,甚至有时还会因为图书馆网站的标识词复杂和难以理解望而却步,进而影响其信息需求的认知[8]。

课业压力下,高校学生被动进行信息行为的次数多,表现出积极性和目的性[9]。学生最终呈现课业成果而非信息行为的过程,降低了其主动学习的可能性和持续性,使其在信息需求尚未完全满足的情况下,模糊或放弃自身的学习型需求。基于此现状,高校图书馆应进一步加强学科服务,将图书馆作为"第二课堂"或者延伸课堂,存储记录高校各学科的发展,从学科架构、专业建设、教师教案和学生作业等各个方面,由上而下地和课堂接轨,为学生提供"接地气"的网络课堂,成为其主动学习和交流的有效平台。

1.2.2 学习能力更强,信息查寻追求捷径

网络一代在认知世界的同时,接触网络、使用网络,对于新事物的接纳程度高,能够较快适应新的变化,学习的能力较以往更强。《报告》中发现,截至 2014 年 12 月,中国网民规模达 6.49 亿,互联网普及率为 47.9%,网民中使用手机上网人群占比达 85.8%,使用平板和电视上网的比例也越来越高。新技术设备的更新换代使获取信息更加便捷。

上网时间的增多,既反映出网络一代的现实生活和网络生活趋向无缝式连接,也一定程度上说明他们的信息行为时长和周期变长。网络一代在没有满足其信息需求之前,会根据自身情况不断更换获取信息的方式,尤其是在进行课业和科研活动时[10]。

大数据时代,网络一代查寻、浏览网络信息时,没有耐心、习惯跳读,不愿意深入了解网站功能和参加必要的培训[11]。网络一代对于花费在网络查寻上的时间没有明显的感觉,却排斥为了查寻信息学习新的技术。以用户为中心的市场发展走向,已经使网络一代形成了一种思维"固化"——"我所会的够我所用的,我所需要的我自己能学会",虽有能力学习但无强烈的进步意愿,尤其是求助于外界培训。在有压力的任务性学习过程中,查寻信息追求捷径,更倾向于使用搜索引擎等,缺乏基本的研究技能。

因而高校图书馆在提供服务的过程中,首先应重视用户友好度的建设。在明确服务目的的基础上,要对流程进行充分的简化和优化,让学生获取信息"无门槛""无障碍"。应为学生创造更多的学习和培训机会,结合学生实际;满足学生的需求,而非生硬强加;注重落实

的效果，而非活动数量。

1.2.3 多任务处理能力强，选择存储个性化

《报告》指出，在巨大的网络用户基数上，中国网民规模增幅持续收窄。网络市场的发展已经不能寄希望于转化新网民，而是发展新业务，这与网络一代的多任务处理能力发展是互相决定的。

网络一代接受传统的教育熏陶，但通过网络认识世界；在现实生活中循规蹈矩，但倾向于在网络世界中彰显自己的价值和个性。网络一代追求不受时间和空间的限制，获取符合自身需要的信息和知识，符合度相同，则倾向于语词更容易理解，界面更加友好，获取过程更加快乐的途径。在选择信息的过程中，具有随机性和不确定性，容易受到其他信息的影响。

网络信息资源的内容和服务方式的重合度很高，用户常常是根据自己的偏好来进行选择。高校学生对于相关数据库的使用一开始就有很大的局限性，使用的次数较少，频率较低，需求简单，其"思维固化"也使其不容易开始利用新的获取信息的方式和信息获取结果。

高校网络一代在信息获取过程中，对于信息资源与信息服务的选择，毫无疑问会首先选择百度、Google 等搜索引擎；对于图书馆的馆藏信息资源的选择，往往是在周围同学或老师的影响下，或根据第一印象而进行的"粗选"。获取信息后，他们存储和构建自我的信息空间也有很大的不同，热衷于创新的一代往往愿意使用自己的逻辑进行表象或者内容的再造。

这对于高校图书馆建设与学生的交互平台具有重要的参考意义。高校数字图书馆在重视自身资源建设的过程中，还应重视学生的想法，在资源介绍的过程中多元推广，让数字资源成为学生真正触手可及的宝藏。

1.2.4 信息交流行为频繁，愿意分享信息

《报告》发现，截至 2014 年 12 月，48.6% 的中国网民认同我国网络环境；超过半数网民对互联网上信息表示信任；60.0% 的中国网民对于在互联网上分享行为持积极态度，其中非常愿意的占 13.0%；有 43.8% 的中国网民表示喜欢在互联网上发表评论，网络一代和互联网的联系从时间的长度和使用的深度上都越来越紧密。

网络一代为更好地融入网络世界，频繁进行信息交流行为，包括信息的传输、共享、发布和推送等。虽然在 JISC 的研究中发现，博士生们对于分享信息相对保守，但整体来说，不涉及自身权利，网络一代信息交互的频次将会越来越高。以微博为例，入门门槛低、使用随意、方便快捷、注重时效、注重沟通与分享等特性极大迎合了用户的需求[12]。

网络一代在相信网络的同时存有质疑，倾向于创造自身个性化的信息空间，并且愿意展现和分享，不同的网络虚拟空间也为网络一代提供了丰富的平台。高校图书馆在开展服务的过程中，除了要开发自身的网络空间，还应积极接入目前已经成熟的网络服务，如微博、微信等，开展小组交流、群落讨论等，构建以图书馆为中心的网络群落现象。同时，还应在与用户的交流中积极推动自身工作，提高用户便利程度，如提高馆际互借、文献交流等的机动性和优先度等。

1.2.5 习惯性利用网络信息

从 1997 年开始，我国网络进入大发展阶段，网络的普及从上网的方式途径和时长深度都得到了体现。经济发展和社会变化，使人与人之间的联系变得疏淡，使用网络也可能从一开始因为新鲜而演变成没有选择之后的习惯。信息获取、商务交易、交流沟通和网络娱乐，个人使用互联网已经成为一种潮流。从另一方面来看，我国对于版权问题的立法缺失，使网

络一代普遍对于知识产权的概念模糊甚至抗拒。

《报告》显示,超过半数的网民表示依赖互联网。网络一代长时间依赖网络生活、学习或者工作,容易产生一定的网络恐慌感;铺天盖地的网络信息也容易造成网络一代的疲惫感;越是年轻的网络一代,在享受便利的同时,感觉压力越大,却无法改变。尤其是高校学生,使用网络信息的同时,没有进行正确的学习操作,对网络信息大量的复制、粘贴,已经成为网络一代苦于摆脱、却无力改变的习惯。相较于完全的网上冲浪,网络一代越来越倾向于网络和面对面的沟通交流相结合。

高校数字图书馆具有针对该特征提供服务的极大便利,即实体馆和网络服务的有效结合。高校图书馆应加强数字服务和实体服务的联系,提供两位一体的高校图书馆服务。实体馆提供场地、组织活动,数字图书馆负责宣传推广和外部链接等,在二者各有优势的前提下,相互促进协助,提高高校图书馆的服务质量。

2 高校图书馆针对网络一代的数字服务

伴随着用户需求的精深化、技术不断升级和资源的指数型增长,数字图书馆建设已经进入基于资源共享的服务时期。数字图书馆在数字化资源建设的基础上,满足用户的个性化需求,实现资源的合理布局和共享。现阶段数字图书馆的建设主要存在自身建设发展不足和外部因素制约发展的问题[13]。

研发有效的信息资源检索工具,加强高校数字图书馆的建设等措施有利于高校数字图书馆实现自身职能价值,提升高校图书馆文化活动的质量,对高校网络一代思维习惯、知识敏感度、创新意识等的塑造起到关键作用[14]。

从《报告》中可以看出,网民中"高中/中专/技校"学历及以上超过半数,且网民中学生群体的占比最高,为 23.8%。针对数量如此庞大的高校网络一代信息行为特点,高校数字图书馆应从用户的信息行为特征出发,发掘网络用户的信息需求,提升其信息素养和信息能力,增强高校数字图书馆服务的主动性和针对性,优化配置网络信息资源,全面提升信息服务的效率和质量,充分实现网络信息资源在社会各阶层的价值[15]。

2.1 改进信息素养教育

加强高校网络一代的素养教育不能作为图书馆的主要服务项目,但应该成为高校图书馆重要的发展项目之一。网络一代普遍不完全具有的信息素养,使如今网络上各种问题频发,高校学生抄袭的问题也屡禁不止。高校数字图书馆应积极将信息素养教育融入各项服务中,有意识地对学生进行引导。

《报告》对网络视频市场进行了调查,发现视频内容是所有网络视频乃至视频网站的核心竞争力。不仅仅是娱乐为主的网络视频,高校图书馆的培训视频也应以内容为主。但更重要的是在各项服务的前后或过程中,而不是简单地集成一个信息素养教育专题。将"知识产权""学术道德""信息素养"等相关的关键词,醒目地作为提示出现在服务页面当中,如将其在各个数据库入口的集成页面上呈现,并提供相关链接,促进学生的信息道德和信息觉悟。

2.2　重视个性化建设

图书馆个性化建设和用户个性化建设共同发展。图书馆的个性化建设往往不被重视,尤其是高校图书馆,容易成为高校的附属品,而没有自身建设的自由,无法吸引学生。从高校图书馆的层面上分析,不利于其发展。

从"外观"上看,高校数字图书馆的建设与实体馆不同,图书馆就是其建设虚拟空间的主导者,从功能的实现,到结构和页面的审美设计,再到不断维护和改版,图书馆往往是不遗余力。但目前我国高校数字图书馆的网站建设少有佳品,创新往往停留在语词含义、排版设计上,而不能提高用户使用的友好度,网页上充斥着太多内容[16]。

从"内在"上看,高校数字图书馆应进一步加强数字化资源建设的投入。充分发挥网络的便利性和快捷性,完善信息共享平台的建设,加深网络资源的数据挖掘,快速适应用户信息需求。使用各项技术实现服务内容的多样性,如网络咨询、知识推送等,在此基础上构建清晰的服务架构,使网络一代尽快适应高校数字图书馆模式,并产生兴趣和信赖感。要认识到虚拟社区用户信息行为具有偏好性、易变性、交叉性等特点[17]。高校数字图书馆在建设自身虚拟空间的同时,还应不断地升级和更新,使网络一代用户保持黏性。

另外,从高校的层面看,应强化高校图书馆的重要职能建设,如明确高校图书馆对于高校学术发展的重要责任。图书馆应积极发展学科馆员以提供嵌入式知识服务。根据跨学科的信息行为特征,如依赖人际渠道获取信息、以知识融合和创造为目标、具有群体差异性等,从信息服务的改进做起,到改进信息检索和信息系统,为高校的跨学科建设提供平台[18]。在促进高校学术发展的基础上,彰显图书馆自身的价值。

2.3　精简服务内容

目前,高校图书馆的网站存在一定的"冗余服务"问题。为了迎合网络一代用户的上网和学习习惯,很多图书馆开始了短信、彩信、APP、微博和微信的服务,但反响平平,对高校数字图书馆建设没有明显益处,同时,也有很多图书馆不敢轻易开始这些新的服务方式。这都与图书馆可能或已经产生的服务过剩有关。

数字图书馆开展移动服务,发展 Lib2.0 技术,开展尽可能多的服务非常重要,但应综合考虑,量力而为。有些图书馆在建设自身信息交流社区的同时,利用不同的服务方式与用户交流,有时造成馆员不能兼顾之现象,反而得不偿失。《报告》中指出的网民乐于分享的态度在图书馆的相关信息交互功能上并不能得到体现。

进一步使用虚拟现实技术,构建虚拟图书馆空间,设立虚拟图书馆员,模拟真实参考咨询环境,创设技能训练环境和实验环境,发展社交化的用户信息共享空间等,是目前图书馆界较新的技术概念,但并不都适合作为高校数字图书馆的发展重点。高校数字图书馆的服务对象范围较集中,群体特点也较明晰,高校图书馆的空间作用能够得到极大的体现,高校图书馆的教育职能相较于其他职能也更加明确。对于高校数字图书馆的定位,应该是作为高校实体图书馆的补充,尽可能地吸引网络一代用户离开网络,走出宿舍,进入馆内接受服务和知识传递。在此基础上,高校数字图书馆应明确自身建设需求,优先确保重要的文献传递、资源共享等服务能够更加精准地完成,满足高校网络一代的需求。

2.4　线上线下结合

高校数字图书馆建设的核心是以用户为中心提供知识服务,而针对目前网络一代的特点,在线上和线下同时开展相同或相关的活动能够最大限度地吸引用户。以《报告》中新增的 O2O 专题研究为例,在手机网民大量增加的同时,网民对于 Online to Offline 模式的兴趣度和适应度都很高。图书馆已经具备了发展 O2O 的基本条件,也已经有一些图书馆通过 APP、微博和微信等进行尝试。

进行高校数字图书馆 O2O 服务之前,首先必须明确各项服务内容的完整性和可行性,并且各项服务都需要在没有在线服务的前提下,进行预备阶段的尝试,确认该项服务确实是用户所需要,并且图书馆有足够的人力、物力来进行运营方可进入 O2O 阶段。

对于 O2O,《报告》还指出二三线城市对于用户评论和分享的热情高于一线城市。这说明并非 O2O 发展得越好,用户的参与度越高。图书馆进入 O2O 模式有利于图书馆开展服务,但是将 O2O 维持在何种层面上还需要考量。

2.5　促进用户贡献

网络世界中,每个人既可以是信息的接受者,也可以是信息的传播者;对于数字图书馆的建设,高校网络一代既可以是使用者,也可以是建设者。

高校数字图书馆的建设,应主要基于对网络一代用户需求的调查上,定期了解网络一代用户的需求变化,掌握其规律。一方面,有助于数字图书馆的服务建设,同时还能够引导高校网络一代明确自身需求,发掘更多的自身价值。让网络一代用户参与到图书馆的管理与服务中,能够增强其归属感和使用黏度。

引导高校网络一代加入到图书馆的采编、选购工作,参与制定各项规章制度。在虚拟社区或实体活动中,构建充分的平台,鼓励网络一代提出意见和建议,激励其成为被咨询者,充分发挥其所知所学,为高校数字图书馆的建设贡献力量。

3　小结

CNNIC 发布的第 35 次《中国互联网络发展状况统计报告》体现出我国网络时代的发展步入一个较为稳定的时期,这与网络一代逐渐成熟有关。而高校当中的网络一代,对于网络的认知和使用习惯还没有完全定型,引导其更好地使用网络资源,构建图书馆和网络一代用户的双向互动,是目前高校数字图书馆建设的一大核心问题。

参考文献

[1] CNNIC. 中国互联网络发展状况统计报告(2015 年 1 月)[EB/OL]. http://www.cac.gov.cn/files/pdf/hlwtjbg/hlwlfzzktjbg035.pdf.

[2] Berkman Center for Internet & Society. Digital Natives[EB/OL]. http://blogs.law.harvard.edu/youthandmediaalpha/projects/past-projects/digital-natives/.

[3] BL,JISC. Researchers of Tomorrow[EB/OL]. http://www.jisc.ac.uk/reports/researchers-of-tomorrow.

[4] 柯平,陈雅茜.面向 Y 一代的大学图书馆用户服务[J].大学图书馆学报,2011(4):5—10,17.

[5] 张勇.互联网发展对中国经济增长的影响研究[D].合肥:安徽大学,2014.

[6][7][11] 周珏.网络环境下群体用户的信息行为研究[D].上海:华东师范大学,2010.

[8][16] 陆怡洲,吴志荣.图书馆网站建设的理论与方法[J].图书馆杂志,2014(2):41—45.

[9][10] 翁畅平.基于 Web 日志的高校图书馆用户信息行为研究[D].合肥:安徽大学,2010.

[12] 王晓光.微博客用户行为特征与关系特征实证分析——以"新浪微博"为例[J].图书情报工作,2010(14):66—70.

[13] 李艳,李珑.大数据时代数字化图书馆建设探究[J].图书馆理论与实践,2015(1):81—84.

[14] 赵晓峰.高校图书馆文化对大学生创新思维影响[D].太原:太原科技大学,2014.

[15] 查先进,张晋朝,严亚兰,李晶.网络信息行为研究现状及发展动态述评[J].中国图书馆学报,2014(4):100—115.

[17] 王晓斌.虚拟社区用户信息行为研究[D].郑州:郑州大学,2013.

[18] 马翠嫦,曹树金.信息分散下的信息行为——基于国外图书情报学领域跨学科研究的回顾[J].中国图书馆学报,2014(1):60—72.